현금자 그림이 있는 에세이

사랑이어라

소소리

책을 내면서

인생 2막을 수필로 열었습니다. 쉬운 길이 아니었습니다. 뒤뚱대던 걸음마가 서서히 땅을 짚고 서기 시작했습니다. 지난 시간을 소환하여 구슬을 꿰어보니 조그만 목걸이가 만들어졌습니다. 좀 더 크고 넓은 목걸이를 만들기 위해 꿰었다 풀었다 하며 씨름하고 있습니다.

울림이 있는 글 한 편 쓰기 힘들었습니다. 삼라만상이 소재였으나 깊이 있는 통찰을 하기에는 아직도 힘에 부칩니다.

생명이 있는 것은 언젠가 사라진다는 명제 앞에 인간의 나약함을 실감했습니다. 수필을 쓰고 다듬는 것이 치유의 시간이었습니다.

여러 곳에 내밀었던 글과 곳간에 두었던 미숙한 글을 묶어 보았습니다. 연습했던 수채화와 시수필을 곁들여 소박한 상차림을 마련했습니다.

수필의 문턱을 넘어오기까지 손을 잡아주신 지도교수님 고맙습니다.
문우들과 지켜보아 주신 지인들 감사합니다.
가족들 사랑합니다.
하느님 찬미합니다.
출판사 관계자분들께도 감사의 마음을 전합니다.
별이 된 가족들에게 첫 수필집 『사랑이어라』를 바칩니다.
겨울이 지나고 훈풍이 불어올 즈음에 찾아뵙겠습니다.

2024년 2월 광령 가기만고당에서
현금자 베로니카 올림

축하의 글

수필을 쓰는 행복

안 성 수
(문학평론가, 수필오디세이 발행인,
수필시학자, 제주대 명예교수)

　수필가의 글쓰기는 하늘이 내린 축복입니다. 그 길은 진정성 속에서 자기 삶을 통찰하여 깨달음을 체득하고 그 진실을 털어놓는, 이른바 순정한 인간 본성을 회복하는 도정(道程)입니다. 그런 만큼 진정한 수필가는 아무나 될 수 있는 게 아닙니다. 그 방법과 과정을 터득한 사람만이 좋은 수필가로 태어날 수 있습니다.
　인간은 누구나 불완전한 존재로 태어나 아쉬운 인생을 살아갑니다. 진선미(眞善美)라는 이상적인 삶의 목표는 세상과의 타협이나 이기심 속에서 거짓과 비윤리와 추함으로 전락할 때가 많습니다. 그중에서도 자신의 본성이나 삶의 진실이 왜곡되어 바람직하지 못한 인생을 살 때, 어느 날 문득 자신을 돌아보며

'나는 누구인가?'라는 질문과 마주합니다. 그리고 그 문탁해진 감성과 뒤틀린 이성, 상처받은 영혼을 구제할 방법을 찾게 됩니다. 다행스러운 것은 그 탁류에 휩쓸리는 순간, 인간은 천성적으로 타고 난 본성과 순결한 본질로 돌아갈 방법을 찾게 되는데, 그 하나가 수필을 쓰는 일입니다.

사실, 진정한 수필가가 되기 위해서는 몇 가지 극복해야 할 과정이 있습니다. 수필가는 아무나 될 수 없다는 말이 바로 이런 뜻입니다. 우선, 마음을 비울 줄 알아야 합니다. 세속과 욕심으로 가득 찬 마음을 비워내고 무심(無心)으로 돌아가는 연습이 필요합니다. 마음을 비운 뒤에는 그 무아지경에 소재를 불러들여 집중적으로 통찰하는 방법을 배워야만 합니다. 몰입은 자연스럽게 작가의 진정성과 영성을 깨워 참자아와 참진실과 영원한 본질을 지향하게 도와줍니다. 이어지는 합일(合一)의 상황 속에서 깨달음을 체득하는 일련의 소재 통찰 과정과 방법을 충실히 익혀야 합니다.

이러한 글감 통찰 과정은 수필가를 관조자로 만드는 필수 코스로서 철학적이고 미학적인 진실 탐구의 길입니다. 만일, 이 과정이 부실하면, 그 후에 처리해야 할 이야기의 미적 구조화나 담론화 전략도 부실해질 수밖에 없습니다. 수필 쓰기란 깊은 몰입과 통찰 속에서 내가 누구인지, 내가 어떤 삶을 살았고, 어떻게 살아야 하는가를 진정으로 반추하고 관조하는 문학이기 때문입니다.

현금자 작가는 필자와 함께 오랜 시간 수필을 공부해온 작가로서, 이런 작법을 익히 알고 있습니다. 그는 평생을 교직에서 봉사해온 사람답게 주관이 뚜렷하고, 정직하고 부지런하며 솔직한 사람입니다. 그래서일까요, 이 작가는 누구와 대립하기보다는 늘 한발 물러서서 이해하고 수용하는 삶을 좋아합니다. 그의 작품들에 잔잔하고 따뜻한 이야기가 많은 것도 평소 작가의 그런 성격과 품성에서 나온 것이라고 믿습니다.

그의 이런 품성은 어머니와 아버지의 지극한 사랑 속에서 성장한 결과로 보입니다. 딸에 대한 사랑이 남달랐던 어머니로부터는 착하게 사는 법과 철저히 준비하는 인생을 배웠고, 교육자였던 아버지에게서는 엄격한 예절과 윤리를 습득했습니다. 그리고 뒤늦게 만난 하느님에 대한 신실한 믿음은 결정적으로 그의 삶을 소망 가운데 베풀며 사는 수행자로 변화시켰습니다. 여기에 오랜 작가 수업 과정에서 쌓아 올린 올곧은 창작 정신은 그의 인생을 진실하게 관조하고 성찰하는 길로 인도했습니다.

수필작가가 소재를 몰입 통찰하여 관조의 깨달음을 담을 수 있다면, 그보다 행복한 일은 없을 것입니다. 작가의 글쓰기가 자신의 정체성을 확립하여 참다운 실존의식을 회복하고, 인간-자연-우주를 하나의 본질로 연결할 수 있다면 그것은 진정한 축복을 누리는 방법이 될 수 있습니다. 단 한 번뿐인 일생을 살면서, 마치 윤오영의 「염소」처럼 운명의 힘에 무참히 끌려가는 삶을 살 수는 없습니다. 그래서 「시지프스 신화」의 주인공은 자기 삶을 뜨겁게 성찰하며, 참다운 인생의 주인공으로 살아가려고 몸부림친 것입니다.

　현금자 작가의 첫 수필집인 『사랑이어라』에는 46편의 산문수필과 6편의 시수필(詩隨筆)로 구축한 의미의 소우주들이 저마다의 빛을 발산하면서 행성처럼 운행하고 있습니다. 그의 소우주에는 따뜻한 사랑의 이야기들이 둥지를 틀고 독자를 기다리고 있습니다. 각각의 텍스트들은 스스로 자전과 공전을 하면서, 때로는 그들의 울림을 모아 더 큰 사랑을 옴니버스나 교향악처럼 연주합니다. 작가가 들려주는 이야기에 빠져들다 보면, 어느새 삶의 진실들이 밤하늘의 별빛처럼 쏟아져 내려와 가슴을 흔듭니다.

　이 작가의 우주는 자신의 실존을 이끈 삶의 방식과 직접 통찰로 체득한 깨달음들로 채워져 있습니다. 여기서 작가의 실존 방식이란 자기다움을 구성하는 핵심 요소들로서 그의 삶을 주도하는 자기 철학과 자기 미학을 가리키는 말입니다. 자기 철학이 그의 일상을 지배하는 삶의 방법이나 신념이라면, 자기 미학은 칸트의 지적처럼 삶 속에서 아름다움을 선택하고 평가하는 취미판단의 방식과 안목입니다. 따라서 이 작품집을 읽다

보면, 현금자 작가가 삶의 지혜로 구축한 사랑의 소우주가 제 모습을 보일 것입니다. 그가 자기 철학과 자기 미학으로 빚어낸 소우주의 진실은 사랑입니다.

현 작가의 작품들은 각기 글감은 다르지만, 주제는 한결같이 사랑을 노래하고 있습니다. 이를테면, 「가기만고당」은 집에 대한 사랑을, 「감귤꽃 필 때면」은 남편에 대한 사랑을, 「동네 한 바퀴」는 마을 길에 대한 사랑과 추억을, 「부활절 즈음에」는 생명에 대한 사랑을, 「사진 한 장」은 삶에 대한 사랑을, 「산티아고 가는 길」은 성자에 대한 사랑을, 「삶의 수레바퀴」는 삶의 방식에 대한 사랑을, 「쉼표가 있는 자리」는 해금 연주를 통한 쉼표가 있는 삶의 사랑을, 「시계」와 「엄마의 우산」은 과분한 어머니의 사랑을 주제로 형상화하고 있습니다.

이제, 21세기 수필은 좀 더 새로워지는 도전과 실험장이 되었으면 좋겠습니다. 작가들이 수필집을 출간할 때마다 저는 어떤 도전과 실험을 하고 있는지를 눈여겨보곤 합니다. 수필이 전통을 지킨다고 하여 과거의 작법에 머물러 있을 필요는 없습니다. 전통을 계승하면서도 새로운 시대정신과 호흡하면서 진화 발전하는 모습은 수필의 예술적 생명력을 강화해 줄 것입니다.

첫 창작집이 갖는 의미는 심장합니다. 작가에게는 한 시대를 마감하고, 새로운 시대를 여는 성장과 변화의 전기를 마련해줄 것입니다. 가족에게는 소중한 가보(家寶)로서의 가치와 자긍심을 갖게 할 것입니다. 그리고 독자에게는 새로운 우주를 만나는 신선한 즐거움을 안겨줄 것입니다. 축하합니다.

▷ 차 례

▷ 책을 내면서
▷ 축하의 말 ‖ 안 성 수

첫째마당 빛바랜 메모장

가기만고당(佳氣滿高堂) ─·13
세 번째 이름 ─·17
그림 한 점 ─·20
감귤꽃 필 때면 ─·25
꽃차를 마시며 ─·30
빛바랜 메모장 ─·31
수선화 ─·36
동전 두 닢 ─·41
겨울이 오면 ─·44

둘째마당 엄마의 우산

질문 ― · 51
다산 선생의 차사랑 ― · 54
경계에서 ― · 58
꽃 길 ― · 62
엄마의 우산 ― · 64
열대의 아틀리에 ― · 67
항아리 ― · 72
봄날에 ― · 75

셋째마당 쉼표가 있는 자리

동백꽃 지다 ― · 82
멸치액젓에 담은 사랑 ― · 87
한라산의 철쭉 ― · 90
핀란디아 ― · 92
경계의 꽃 ― · 96
겨울을 부탁해 ― · 100
레터케니 사람들 ― · 104
쉼표가 있는 자리 ― · 110
인향동의 여름 ― · 114

넷째마당 부활절 즈음에

정각과 40분 언저리에 ― · 122

시계 ― · 126

부활절 즈음에 ― · 130

양지원(養志園)을 찾아서 ― · 135

브레드 섬 ― · 140

역할 놀이 ― · 143

상애떡 ― · 147

빈센트 ― · 151

멈춘 듯 움직이는 듯 ― · 158

다섯째마당 산티아고 가는 길

짝짝이 눈 — · 163
산티아고 가는 길 — · 167
어느 소녀의 외침 — · 172
마음을 읽는다는 것은 — · 176
제자리로 돌아가는 풍경 — · 179
기도 — · 184
먼 길 — · 188
유월 스무날 — · 192

여섯째마당 사진 한 장

동네 한 바퀴 —·200
너는 짧게 썼더라 —·204
오월의 인연 —·208
길 위에서 —·212
사진 한 장 —·214
음악은 사랑을 싣고 —·217
김대건 신부님을 기리며 —·221
화장 —·226
삶의 수레바퀴 —·230

첫째마당

빛바랜 메모장

가기만고당(佳氣滿高堂)
세 번째 이름
그림 한 점
감귤꽃 필 때면
꽃차를 마시며
빛바랜 메모장
수선화
동전 두 닢
겨울이 오면

공간의 크기와 넓이에 가치를 두었던 어리석음. 부족하면 갈망했고 넘치면 안주하여 마음만 부산했다. 깊이를 들여다보지 못했다. 영혼과 마주하기보다는 겉으로 보이는 실체에 무게를 두었던 시간을 반추해본다.

- 「가기만고당」 중에서

가기만고당(佳氣滿高堂)

　새날이 열리면 창을 열어 바람을 들인다. 멀리 보이는 바다와 아랫마을, 창밖 풍경들의 흔들림으로 날씨를 가늠해본다. 아침 안개가 서서히 걷히고 있다. 먼 바다에 떠 있는 섬이 모습을 드러내기 시작한다. 오늘은 맑음이다. 거실에서 종일 지내다 보면, 나만의 공간이 없어 끙끙댔던 시간으로 빨려 들어간다.
　건넛방에 큰 마호가니 책상과 의자, 전기스탠드까지 들어왔다. 고등학교 입학한 오빠 선물로 짐작이 갔다. 남동생들은 책상 가까이 갈 생각을 하지 않았다. 오빠의 하교가 늦어지거나 외출을 할 때면 얼른 사용하다가, 오빠가 돌아오면 슬며시 빠져 나왔다. 나만의 방이 있었으면 하는 바람은 간절했다.
　불현듯, 학창 시절에 즐겼던 붓글씨를 다시 쓰고 싶었다. 혼자 사용할 방은 없었다. 거실은 차를 마시기나 책을 읽는 데는 무리가 없었으나, 복잡한 서예 도구들을 둘 수는 없는 노릇이었다. 언제면 나만의 방을 가질 수 있을까. 세월과 함께 묻혀 갔다.

　테라스와 정원이 있고 널찍한 곳으로 옮겼다. 집의 중심은 복도다. 복도에는 남편의 선배인 서애(西涯) 선생이 써준 당호가 눈높이에 걸려있다. 거실로 들고 나려면 복도를 지나야 한다. 당호는 하루에도 몇 번씩 나에게 말을 걸어온다. 가기만고당(佳氣滿高堂, 아름다운 기운이 가득한 집). 거실은 곧 서재이고 나만의 방이다.

　서재로 들어서면 한라봉 향기가 풍겨 나올 듯한 유화가 걸려있다. 연습 삼아 그린 수채화와 해금이 빼꼼히 쳐다본다. 거실 천장은 유려한 곡면이다. 벽은 흰색으로 시원하고 안정감을 준다.

　동쪽 벽에는 소파를 사이에 두고 큰 미닫이 책장 두 개가 있다. 오래된 전집과 책들을 정리하였다. 이제는 수필과 연관된 자료들이 새로운 책장 가족들이다. 맞은편에는 오디오와 음악 자료들, 십자가상과 성물들, 여행할 때 사온 기념품, 가족사진들이 길게 늘어서 있다. 우리 집 역사와 함께하는 것들이기에, 눈 안에 두고 싶었다.

　책상은 북쪽 정원으로 향해 있다. 컴퓨터 작업을 하다가 쉬고 싶을 때는, 옆에 놓인 원탁으로 자리를 옮긴다. 지인이 방문하면 카페가 되기도 한다. 거실 가운데 낮은 탁자는 아직 읽지 못한 책들이 주인을 기다리고 있다.

잠자리에 들기 전까지 많은 시간을 보내는 곳. 나만의 방에서 원하는 것은 무엇이었나. 쉽게 쓸 수 있겠다 싶어 시작한 것이 수필이다. 맞춤법과 띄어쓰기, 문단조차 구분하지 못하는 글들을 내보여 민낯이 드러났다. 일 년에 몇 편 안 되는 글을 써놓고, 수필 공부 다닌다고 자랑질하였다. 삼라만상이 소재인 것을, 소재 찾는 것이 힘들다고 투덜거렸다. 감성과 이성 그리고 울림이 있는 글을 쓰라고, 채찍질하던 그 말씀도 마음에 두지 못했다.

완성하지 못한 수필을 꺼내어 읽어보고 고쳐보고 복사하고 잘라내면서 갈무리해본다. 공간의 크기와 넓이에 가치를 두었던 어리석음. 부족하면 갈망했고 넘치면 안주하여 마음만 부산했다. 깊이를 들여다보지 못했다. 영혼과 마주하기보다는 겉으로 보이는 실체에 무게를 두었던 시간을 반추해본다.

오늘도 당호와 눈인사 하며 서재로 들어간다. 아름다운 기운이 가득한 그럴싸한 수필 한 편 쓰고 싶다. 완전한 어둠이 묻히기 전, 서재에서 보는 해넘이. 서쪽 하늘 나무 사이로 불그스레한 장관이 펼쳐진다. 어디론가 향해 가던 비행기가 구름 속으로 멀어져간다.

삶의 종착지는 어디쯤인지….

비행기가 사라진 먼 하늘에 시선이 머문다. (2020)

세 번째 이름

　누구나 이름을 가지고 살아간다. 물건에도 이름이 있지만, 사람의 이름은 나는 누구인가를 생각하게 하는 첫 번째 물음이 아닌가 싶다.
　이름이 마음에 들지 않는다고 부모님께 투정부리기 시작했다. 나의 이름은 친정아버지가 지어주었다. 한마디로 일본식이다. 친구들은 꽃부리 '영' 자나 맑을 '숙'이 들어간 예쁜 이름을 가지고 있었다. 너의 이름도 괜찮다는 친구들 위로는 사춘기 소녀의 심통을 돋굴 뿐이었다. 중학교 2학년 학년말 무렵, 아버지로부터 이름을 고치러 가라는 허락받았다. 어머니와 이름 있는 철학관으로 들어갔다.
　"이름이 좋구먼."
　이름이 좋다니? 흠칫 놀랐다.

어머니는 딸이 이해할 수 있는 말로 설명해 달라고 했다.
"밥을 굶지 않을 이름이요."
끼니를 채우지 못하는 사람들이 많은 시절이다. 밥을 굶지 않을 이름이라는 깊은 뜻을 온전히 헤아리지는 못하는 나이였지만, 철학관에 다녀온 후에는 이름을 자연스럽게 받아들이게 되었다.
오랜 세월이 지난 뒤였다. 신문 칼럼을 읽다가 머리를 쳤다. 한자 이름 '수子'는 '갓 태어난 아이의 천진무구한 모습이 너무 사랑스럽다.'는 의미가 있다고…. 예쁜 이름 아니라고 투정 부렸던 옛 생각에 천상에 계신 아버님께 죄송한 마음을 전하고 싶었다.
인성 교육 프로그램에 참여할 때였다. 교육 동안 달고 다닐 별칭을 만들라고 했다. 기회는 이때다 싶어 남편이 부르는 애칭인 '사슴'을 연상하여 '꽃사슴'이라고 지었다. 교육에 참여한 사람들 모두 자신의 별칭을 짓게 된 이유를 설명했다. 그때 교육을 받았던 사람들을 만나면 이름과 별칭을 기억하고 있어서 자못 놀라기도 한다. 요즘은 이름을 말할 일도, 쓸 일도 별로 없다. 알고 있는 사람들에게 내가 어떤 모습으로 기억되고 있는지 생각하면 주눅이 들 따름이다.
예비신자 교육 중에 세례명을 생각해 두라고 했다. 내가 태어난 날에 맞는 이름은 '안젤라'였지만 끌리는 이름이 있었다.

베로니카!

　베로니카는 1세기경에 살았던 이스라엘 성녀다. 골고다 언덕으로 십자가를 지고 가는 예수님의 땀을 자신의 수건으로 닦아 드렸다. 베로니카는 베라 이콘(vere icon: 참된 모습)이라는 라틴어에서 유래한다. 전설적인 인물로 성경에는 나오지 않는다. 10~11세기 초 로마의 성 베드로 성당에서 예수님 얼굴이 찍힌 천 조각에 경배했다는 기록이 있다. 스페인 오비이도 성당에 그 손수건이 있다고 한다. 성화를 보면 베로니카 성녀가 등장하기도 하고, 손수건에 찍힌 예수님의 얼굴을 그리거나 동판화로 만든 화가들도 있다. 성당이나 성지에 '십자가의 길'이 있다. 예수님의 땀을 닦아주는 성녀가 새겨있는 6처에는 조금 더 머무른다. 내게도 다른 이들의 눈물을 닦아줄 손수건은 가지고 있을까.

　세례식이 있었다. 신부님께서 포도주를 적신 성체를 입 안에 넣어 주심으로 하느님의 자녀로 다시 태어났다. 그리스도교 성인식에 해당하는 견진성사를 받게 되어 세례명을 고칠 기회가 있었다. 오랫동안 고민한 세례명이었기에 그대로 쓰기로 했다.

　사람은 이름을 통해 살아갈 힘을 얻고 삶의 방향까지 찾게 되는 것이 아닐까. 세례명에 걸맞은 삶을 살고 있는지 기도 손을 모은다. 세 번째 이름은 내게 온 선물이자 축복이며 은총이다.

(2017)

그림 한 점

　부엌 창을 연다. 밖은 어스름한 빛으로 동트기 직전이다. 새벽 비로 씻긴 상큼한 공기가 뺨에 와 닿는다. 모닝커피 내리는 소리와 향이 부엌을 채우고 있다. 식탁 위 한쪽 벽에 눈이 멈춘다. 나무에 높이 올라간 한 아이가 손을 흔든다. 소의 고삐를 잡은 아버지는 신이 난 아이들을 쳐다보고 있다.
　화가 박수근 탄생 100주년 되는 해였다. 제주에서 한 달 동안 전시회가 열린다는 문자가 왔다. 미석 박수근, 그의 딸 도이 박인숙과 외손자 천은규 작품들이다. '3대의 순수전'이란 부제가 붙어 있다. 전시회 개막식에 참가한 박인숙 화백으로부터 작품 해설을 들으며 마음이 들떴다.
　미석 선생 작품은 특수 인쇄로 된 한정판이었다. 색은 단조로운 회백색이다. 두꺼운 층과 오톨도톨한 특유의 질감으로 토속적인 정서를 진하게 담았다. 천은규 작품은 추상화였다. 외국 화단에서도 알려진 젊은 화가다. 도이 화백은 아버지의 화풍에 영향을 받았으나 색이 밝았다. 대부분 작품은 농촌에서 보냈던 일상에 대한 추억을 정겹게 전달하고 있었다. 관람하면서 서너 작품을 마음에 두고 고민하였다. 도이 선생은 모든 작품에 애정이 간다며 언뜻 추천하지 못했다.

'고향 친구' 작품 앞에서 한참 서 있었다. 네 명의 아이들이 나무 위에 올라가 신이 났다. 한 아이는 감을 따서 한 잎 베어 먹은 듯싶다. 나무 위에 반쯤 올라간 여자아이는 버둥거리며 안간힘을 쓰고 있다. 아버지는 종일 밭일 하고 오다 놀고 있는 아이들을 보며 행복한 모습이다. 어느 해 추석 풍경을 불러낸다.

추석을 맞아 귀성 표 예매가 시작되었다는 방송이 나왔다. 나에게 고향이란 뛰놀던 올레나 친구들, 정다운 이웃이 있는 곳이 아니다. 친할머니와 큰집 가족이 살았으며 친정아버지가 유년 시절을 보낸 곳이다.

초등학교 5학년 때 고향 가까이 이사 갔다. 읍내에서 산간마을로 가는 버스는 하루에 두세 차례쯤 있었다. 추석 하루 전에 큰댁에 도착해야만 했다. 큰아버님이 육적을 만들다가 조용히 손짓하며 옆에 앉으라 한다. 만들다 남은 자투리 고기를 도마 한쪽 위에 올려놓았다. 오랜만에 만난 조카에게 베풀 수 있는 사랑의 표시였으리라. 사촌오빠가 앞산에서 베어 온 대죽(사탕수

수)은 달콤한 간식이었다.

 명절날은 네댓 집을 돌며 제를 본다. 친척 집에서 받은 반*을 꼬챙이에 꿰어서 할머니 댁에 도착하면 집으로 돌아갈 시간이 되었다. 아버지는 진한 고향 냄새를 오래 맡고 싶었는지 저물도록 머물다 왔다. 동네 상점에서 버스 시간을 알고 가도 제시간에 오는 경우가 드물었다. 버스를 기다리던 지루한 시간에 떡을 간식으로 먹곤 했다.

 정류소에는 커다란 폭낭(팽나무)이 있었다. 오빠와 남동생들은 나무 위에 올라가서 열매도 따 먹으며 시간을 보냈다. 겁이 많은 나는 나무에 올라간 남자 형제를 부러운 눈으로 볼 수밖에 없었다. 황토 먼지 날리며 오는 버스 소리가 그리 반가울 수가….

 '고향 친구' 작품은 명절날 버스를 기다리던 네 남매를 연상하게 된다. 맨 꼭대기에 올라간 오빠, 중간에 버티고 있는 남동생 둘, 올라가지 못하여 바둥거리는 단발머리 소녀는 영락없는 나의 모습이었다. 안쓰러운 표정을 읽은 오빠는 내게 열매를 따서 던져주었다.

 오랜만에 남동생과 선산에 가게 되었다. 마을은 많이 변해 있었고 외길이었던 버스길에는 오거리가 생겼다. 동네 이름을 새긴 바위와 정자도 색다른 풍광이었다. 동생이 차를 멈추게 하며 입을 연다.

"여기가 맞는데, 나무가 왜 작게 보이지?"

팽나무는 오랜 세월 동안 그 자리에 버티고 있었다. 네 남매가 명절날 한자리에 앉았던 때가 언제였던가. 할머니와 큰집 부모님도 세상 떠난 지 오래다. 사촌 형제들도 도시로 읍내로 나와 지내고 있다. 고향의 아이들은 하늘의 이치를 안다는 나이를 넘어섰다.

아침 해가 얼굴을 내밀고 있다. 커피 내리는 소리도 멈췄다. 늘 앉는 자리에서 커피 한 모금, 그림 한 번. 다시 한 모금, 그림 한 번….

음악 방송을 누른다. 마침 흘러나오는 가곡도 고향의 팽나무 아래로 데려다준다. 시간의 변곡점에 서 있다.

(2023)

*반: 명절 때 각자에게 나누어 주는 떡이나 반찬

감귤꽃 필 때면

　춘분이 지나 동트는 시간이 빨라지고 있다. 집을 떠나 일주일 이상 지내다 보면 규칙적인 운동을 하지 못하여 몸동작이 둔해진다. 오랜만에 걷기운동을 해볼까 싶어 길을 나섰다. 미세먼지로 바다까지 뿌옇게 보인다. 다시 돌아와 마스크를 꼈다. 아침 식사 전에 운동하고 돌아오면 하루 시간도 넉넉해지니 여유롭기까지 하다.
　전원주택단지가 들어서면서 걸을 수 있는 길이 하나 더 생겼다. 단지 모퉁이를 돌면 강렬하게 자극하는 향긋한 냄새가 나를 감싸안곤 했다.
　감귤꽃이 진 자리에는 콩알만한 열매가 맺혀 자라고 있다. 아직도 드문드문 꽃이 핀 나무도 있어 새들을 불러들인다. 귤밭 가까이 다가서서 숨을 들이마시면 저절로 눈이 감긴다. 낙원이 따로 없지 싶다.
 남편과 아침 운동을 하러 가던 날이었다. 큰길 어귀에 있는 감귤밭에 이르자 내가 입을 열었다.

"이게 무슨 냄새지?"
"……."
"당신 냄새인가!"
"……."

 남편은 땀이 많이 나는 체질이었다. 여름이면 땀내가 난다고, 좋은 향수가 있었으면 했다. 순간 혹시나 하는 의심이 들기도 했었다. 사랑은 믿음이라고 되뇌며 마음을 다독였다. 내친김에 감귤꽃으로 만든 향수를 사왔다. 흡족해하는 표정을 지었다. 남편 생일이 돌아오면 무엇을 선물할까 고민했었는데 그 숙제도 풀린 셈이다. 향수병을 작은 서랍장 위에 놓으니 장식도 되었다. 아침에 칙칙 뿌리는 소리가 들리면 남편의 출근 준비가 끝났다는 신호였다.
 하루에 만 보씩 걷기로 약속한 것은 갑자기 악화가 된 그이의 건강 때문이었다. K대학 운동장을 열다섯 바퀴쯤 돌면 만보 정도가 되었다. 시작하자마자 무척 힘들어했다. 두 바퀴쯤 돌면 힘에 부치다고 벚나무 아래 의자에 앉아 쉬고 있겠노라고 했다. 함께 걸을 때는 속도를 맞출 수 없었다.

　건강한 사람이었다. 이순을 갓 넘겨 찾아온 병으로 남편은 물론 가족들까지 힘든 시간을 보내야 했다. 이런 상황까지 온 것은 모두 세심하게 살피지 못한 자신의 탓이라 했다. 평소에는 대화 분위기도 이끌어가고 농담도 잘했었는데, 치료가 길어지면서 말수가 줄어들기 시작했다. 나도 남편의 눈치를 보며 침묵의 날이 늘어나고 있었다.

　병세는 좋아지는 듯싶다가 하강 곡선을 그리기 시작했다. 이승의 삶이 얼마 남지 않았음을 알았는지 남편은 무겁게 입을 열었다. 연로하신 두 분 어머니와 작은딸이 눈에 밟히고, 먼저 세상을 떠난 사람이 행복하다는 말을 지나가는 바람처럼 남겼다. 그해 부활절을 며칠 남긴, 천국의 문이 열린다는 시기에 하느님 곁으로 갔다.

　이틀 연속 감귤밭 주변 길을 걸으며 이런저런 생각에 마음이 뒤숭숭했던지, 좀처럼 보여주지 않던 남편의 모습이 꿈에 나타났다. 멸치볶음을 먹고 싶다면서 건강한 모습으로 식탁에 앉아 있었다. 우리 집 부엌에는 큰아이가 다섯 살 때 산 4인용 식탁을 사용하고 있었다. 두 아이가 둥지를 떠난 뒤에는 두 개의 자리가 비어있더니, 남편이 떠나자 세 개의 의자가 주인을 잃고 말았다.

　적막한 저녁 시간에는 음악으로 빈자리를 채운다. 애써 허전함을 달래보곤 한다. 유독 덩그러니 놓여있는 주인 잃은 의자 하나에 시선이 꽂히면 벽에 걸린 그림으로 눈길을 돌리곤 한다.

꿈에서 보았다는 것이 이런 것이었나. 오늘따라 저녁 식탁의 빈 의자들이 휑뎅그렁하게 다가온다. 마치 바닷물이 빠져나간 썰물 뒤의 모래톱 풍경 같다. 그 풍경 뒤로 그이의 근심 어린 얼굴이 잠시 나타났다 사라진다. 먼 곳에서도 이곳 사정을 걱정하는 모양이다.

그는 봄에 태어나 봄에 떠났다. 펜션 부근에 개양귀비 꽃무덤이 걸음을 멈추게 한다. 감귤 꽃망울과 눈을 맞춘다. 매년 감귤꽃이 필 때면 향기 실은 영혼의 바람이 불어오겠지 싶다.

(2019)

꽃차를 마시며

뜨거웠던 여름날
가을 꽃차를 만들었습니다

싹이 나지 않아 안달한 시간들
지루한 폭염 속에서도
늦여름 붉고 탐스런 맨드라미
정원의 여왕이 되었습니다

가을 태풍 오는 날
꽃을 잘라 덖고 식히기를 여러 번

유리 다관으로 우려낸 향기는
온종일 묵언을 풀어놓았습니다.

(2018)

빛바랜 메모장

"보그락* 흐다이." 어머니가 솜이불을 끌어당긴다. 잠자리를 같이 했던 것이 얼마 만인가. 어머니 눈은 떴다 감았다를 반복하고 있다. 금방 잠에 빠질 것 같다.

어느 날, 어머니 서랍에서 발견한 메모장 첫머리는 이렇게 시작되었다.

> 2016년 4월 10일
> 딸에게
> "딸이다가 아내가 되고 어미가 된 딸아.
> 찜질방에 나란히 누워 사랑한다고 말하고 싶은데
> 한 아이도 힘들다고 전투 중이구나."

어머니, 사랑한다는 말이 왜 그리 내뱉기가 어려웠는지요. 저 또한 나오기 힘든 말이었을까요. 이제는 그 마음을 조금 알 수 있을 것 같아요. 돌아보니 목욕 하러 함께 갈 수 있었던 시간이 좋았어요. 서로 등도 밀어주고 보디로션도 바를 수 있었던 그때 말이에요. 그날도 어머니 눈에는 제가 힘들게 보였나 보네요. 무엇이 저의 마음을 짓누르고 있었는지 숨겨둔 일기장을 걷어 보아야 하겠어요. '하늘이 알고 땅이 안다.'는 말씀은 어머니 삶의 철학이지요. 누군가에게 서운한 일이 있어도 이 한마디로 마음을 다독이셨잖아요. 사랑한다고 말하지 못했어도 하늘이 알고 땅이 알고 있을 거예요.

"아비를 닮아 필요한 말만 하는 너는 고단하다 도와달라 한마디 없이 엄마는 나보다 바쁘다 투덜거리며 배려하는 모습이 어여쁘구나."

제가 아버지를 닮았다고요. 애교 없이 퉁명스럽게 던지는 말 속에 지친 나의 모습을 들켜버렸나 봅니다. 청하지 않아도 살뜰하게 챙겨 주셨기에 지금의 제가 있는 거예요. 늘 자식에게 배우지 못한 한이 크다고 말씀하셨잖아요. 4·3으로 외할아버지를 잃고 오 남매의 장녀 역할을 해야만 했지요. 상급학교 진학은 엄두도 내지 못하였으니 얼마나 서러웠을까요.

밤늦게 공부하고 있는 저에게 박하사탕을 주면서 잠을 쫓아내라고 하셨어요. 시험 기간이면 부엌 한쪽에 놓였던 정화수와 촛불을 밝혀 정성을 쏟으셨던 풍경이 지금도 아련히 떠오르네요. 시대에 앞서 딸자식인 저를 남자 형제들과 대등하게 대하셨어요. 아니 어찌 생각하면 우대받았을지도 모르겠어요. 더 넓은 곳에서 공부할 수 있다는 희망까지 주셨지만 제 실력이 부족하여 고향에 남게 되었지요. 어머니께 등록금이 얼마 들지 않은 학교 시켰다고 투덜댔던 철부지였어요. 아무 말도 하지 않고 듣기만 했던 어머니의 눈빛을 기억합니다.

"목화송이와 같이 탐스럽던 네가 대한민국 아줌마 반열에 들어 전사처럼 단단해져 어깨는 넓어지고 거칠어진 피부를 볼 때면 어미 가슴은 먹먹하단다. 하지만 이 땅의 살아있는 것들이 어미의 희생이 없었다면 어찌 존재하겠느냐. 강아지를 낳은 어미 개가 새끼를 지키려 얼마나 사납더냐."

제가 씩씩하게 보였나 보네요. 둘째 아이를 낳았을 때는 직장을 그만두라고 하셨어요. 제가 마음을 돌리지 않으니 손녀들을 보듬어 주셨지요. 교수님으로부터 공부를 더 해 보라는 권유를 받았다니까 호통을 치셨던 일을 기억하시나요? 그런 시간이면 아이들과 시간을 많이 가지라고…. 몸이 약한 저를 걱정하는 마음이 앞섰을 거예요. 집 안 청소는 대충하고 잠 잘 자고, 끼니를 거르지 말라며 늘 말씀하셨어요. 워낙 제가 약한 체질이잖아요. 언젠가 집안일을 하며 직장까지 다니는 네가 안쓰럽다며 가슴 치던 일도 있었지요. 세월이 흘러 어머니와 저를 이어, 제 아이들도 어미가 되었네요.

"아직은 아득한 계단을 오르고 있단다.
알알이 영그는 사랑 나무의 열매가 탐스럽구나.
때론 어미 어깨에 머리라도 기대고
잠시 쉬었다 가렴."

 남은 삶의 계단을 천천히 쉬엄쉬엄 오르려고요. 목화꽃 전설이 참 애틋했지요. 딸을 살리기 위해 어미의 살을 도려내 음식을 해 먹이고 어머니는 죽고 말았대요. 그 어머니 무덤에서 어느 날 싹이 나서 자라 꽃을 피웠다네요. 이제는 저의 좁은 어깨에 기대어 함께 걸어가요.

 골이 깊게 팬 얼굴로 잠들고 있는 어머니 옆모습을 본다. 고왔던 모습은 사라지고, 깊은 주름만이 세월의 더께를 말해주고 있다. 자식들에게 사랑과 정을 온전히 내주고도 미안하다고 탓하는 어머니였다.
 조용히 이불을 걷고 일어나 일기장을 펼친다. 눈물 한 방울 번졌다. 부모와 자식의 끈은 어디에서 시작하여 어디에서 끝이 나는 것일까.

*보글락: '솜 따위가 포근하게 잘 부풀어 오른 모양'의 제주 사투리
*보글락 흐다이: '포근하구나'의 제주 사투리

(2021)

2016년 8월 10일

딸에게

딸이다가 아내가 되고 어미가 된 딸아
흐트러진 방에 나란히 누워
사랑 한다 말 못하고 잤는데
젖 먹이도 힘들다고 젼두 둥이 우나
아비를 닮아 편요한 말만 하는 너는
피곤하다 도와 달라 한마디 없이
엄마는 나보다 바쁘다 투덜거리며
배려하는 마음이 어여쁘구나

목화송이 같이 탐스럽던 네가
대한민국 아줌마 반열에 들어
전사 처럼 단단해져 어깨는 벌어지고
거칠어진 피부를 볼 때면
애미 가슴은 먹먹 한단다
하지만 이 땅의 살아 있는 것들이

어미의 희생이 없었다면 어찌 존재하겠느냐
강아지를 낳은 어미 개가
새끼를 지키려 얼마나 사납더냐
아직은 아득한 계단을 오르고 있단다
알알이 영그는 사랑 나무의 열매가 탐스럽
때론 어미 어깨에 머리라도 기대고 가
잠시 쉬었다 가렴

수선화

　나무들이 몸을 드러내기 시작한다. 정원에 만개했던 꽃도 거의 사그라지고 까치밥 몇 개만 남았다. 싸늘한 기운이 돌았지만, 동네 산책에 나섰다. K대학 입구에 들어서면 수선화 길이 있다. 여름에 풀이 무성할 때 대학 관리자가 벌초 기계로 완전히 베어버려 수선화 목숨은 다했다 싶었다. 겨울 초입에 들면서 무정하게 잘렸던 수선화가 다시 나를 반긴다.
　춘천행 버스에 올랐다. L선생을 만나러 가는 길이다. 도착 시각에 맞추어 터미널에 나와 있었다. 이 년 만에 반가운 포옹이다. 춘천 닭갈비로 점심을 먹고 미술관에서 시간을 함께한 뒤 서울로 돌아왔다.
　L선생을 만난 것은 대학 졸업 후 첫 발령지에서다. 나보다 일 년 먼저 S시 모 학교에 근무하고 있었다. 그녀는 솔직하고

유쾌하며 정이 많았다. 멀리서 온 나에게 학교 분위기 대한 안내도 친절하게 해 주었다. 동료들은 서울과 여러 지방에서 온 다양한 분들이 있다. 이제는 팔도 출신까지 모였다고 나에 대한 호기심이 대단했다.

 토요일 아침 교무실 분위기는 여느 날보다 들뜬다. 자취하는 여선생님들이 고향에서 하룻밤 자고 온다는 설렘 때문이다. 서울, 시흥, 춘천, 충주 등으로 갔다. 월요일 점심시간은 고향 다녀온 이야기와 가져온 반찬 자랑으로 시끌벅적했다. 맛있는 반찬 가져왔다고 제일 먼저 저녁 초대를 하는 것도 그녀였다. 고향이 멀어서 가지 못하는 나에게 주말이 되면 춘천에 함께 가자고 여러 번 제안했다. 거절하다 성의에 못 이겨 두 번 동행하였다.

 L선생의 친정아버님은 그녀가 채 세상 빛을 보기도 전에 먼 길 떠났다. 어머니와 오라버니 한 분이 계셨다. 어머니는 작은 가게를 하면서 자녀들을 키우셨다. 춘천을 갔을 때도 가게가 딸린 방에서 L선생의 어머님과 셋이서 함께 잤다. 그녀의 순수한 마음이 느껴졌다.

 다시 한 번 춘천 방문 제안 받았을 때는 서슴없이 따라나섰다. 이번에는 예비 시댁으로 데리고 갔다. 캠퍼스 연인 남자친구는 군대에 가 있었다. 버스에서 내려서 논두렁을 따라갔다. 가을걷이를 끝낸 넓은 들녘과 허수아비가 우리를 맞아 주었다. 집은 물론 대문과 화장실까지 기와로 덮여 있었다. 집 주변은

잣나무가 병풍처럼 에워쌌다. 종갓집 며느리가 될 터였다. 형제자매가 많고 명절과 제사가 여러 번 있다고도 했다. 시아버님이 계시지 않았기에 시어머님은 장남을 남편 이상으로 의지하였다. 그 틈새에서 수년간 직장생활과 맏며느리 역할을 무난히 해냈다.

졸업한 그녀는 발령을 받아야 하는 일념으로 고향과 멀리 떨어진 곳에 지원서를 냈다. 나는 일 년 후에 제주로, 그녀는 삼 년 만에 고향으로 돌아갔다. 서로 헤어진 후로는 편지로 왕래하다가, 결혼하고 아이들이 자라면서 제주와 춘천 혹은 서울에서 정을 나누어 이제까지 이어오고 있다.

한 분뿐인 오빠도 세상을 떴다. L선생의 정년이 몇 년 남았지만, 교직 생활을 정리했다. 시간과 정성을 내야 할 일이 생겼다. 친정어머니를 혼자되신 올케언니께 맡길 수 없다고 인지 능력이 떨어진 어머니를 수년간 모셨다.

추운 겨울에도 당당하게 피는 수선화를 볼 때면 L선생의 삶이 겹쳐지곤 한다. 수선화 잎이 나기 시작하고 꽃대가 올라오기 시작했다. 수선화 잎은 추위에도 더욱 무성해졌고 꽃이 드문드문 피어있었다. 무리 지어 피어있는 수선화 또한 정겨웠다. 오므린 봉오리도 만개한 수선화만큼이나 정이 간다.

수선화 얼굴은 수수하다. 고개는 위를 쳐다보지 않고 옆이나 아래로 숙여있다. 마치 겸손한 사람의 자태다. 홀로 피어있는

수선화도 다른 무리들과 정겹게 이야기를 나누는 듯하다. 연노랑과 진노랑 색감으로 단장한 수선화는 화려하지도 누추하지도 않았다.

산책하고 돌아와 보니 택배가 와 있었다. L선생이 보낸 양구 특산품인 펀치볼 시래기다. 감사의 인사로 카메라에 담아온 수선화를 카톡으로 날려 보낸다.

(2021)

동전 두 닢

   회합실로 한 명 두 명 들어와 자리를 잡는다. 시작 기도 후, 후원회원들이 함에 넣은 정성을 조심스럽게 열어 본다. 소중한 봉헌은 빈첸시오회 활동에 힘을 실어주는 원천이며 사랑의 샘물이다.
   세례식을 얼마 앞두고 신부님과 면담이 있었다. 신자로서의 삶에 대한 이정표가 되는 말씀이 이어졌다. 신심 단체에 가입할 것을 권하였다. 성가대원과 꽃꽂이 봉사 그리고 빈첸시오회 등을 두고 저울질했다.
   빈첸시오회는 공동선(善)에 대한 부르심에 응답하는 가톨릭 최초의 평신도 사도직 단체였다. 대모님과 교우들이 권유하는 말이나 몸짓도 없었다. 학창시절, 적십자와 걸스카우트에서 활동했던 일을 떠올리면서 빈첸시오회에 마음이 쏠리기 시작했다.

빈첸시오회는 성(聖) 빈첸시오 영성을 바탕으로 전 세계 100만 명 정도 활동하고 있다. 본당에서는 1주일 또는 2주일에 한 번 회합하여 활동 내용을 점검하고 계획을 세우며 제기된 안건을 토의한다. 회합할 때마다 비밀헌금 주머니를 돌린다. 회원들이 내는 비밀헌금도 적은 금액이지만 활동비로 보탠다. 기꺼운 마음으로 봉헌한다.

후원회원들이 봉투를 열 때마다 온기가 전해온다. 어떤 회원은 정기적인 후원은 물론, 그날의 첫 수입을 후원함에 기꺼이 넣기도 한다. 대축일·부활절·성탄절이 돌아오면, 익명으로 수백만 원 가치의 물품과 현금을 봉헌하기도 한다. 교우들도 비정기적으로, 활동에 쓰라고 보태주기도 한다. 어떤 힘이 그분들의 마음을 움직이게 하는 것일까. 수년 동안 이어오고 있다. 가슴을 더욱 뛰게 하는 한 자매님이 있다. 자신도 넉넉하지 못하면서 매월 일정액을 봉헌하고 있음을 알았을 때다.

복음 말씀이 떠오른다.

그때 예수님께서 눈을 들어 헌금함에 예물을 넣는 부자들을 보고 계셨다. 그러다가 어떤 빈곤한 과부가 렙톤 두 닢을 거기에 넣은 것을 보고 이르셨다. "내가 참으로 너희에게 말한다. 저 가난한 과부가 다른 모든 사람보다 더 많이 넣었다. 저들은 모두 풍족한 데에서 얼마씩을 예물로 넣었지만, 저 과부는 궁핍한 가운데에서 가지고 있는 생활비를 다 넣었기 때문이다."(루카 21, 1-4)

과부가 넣었던 렙톤 두 닢은 지금 우리 돈으로 천 원 정도였다. 헌금함에 돈을 넣는 과부의 모습을 보고 계신 예수님의 마음은 어떠했을까. 온 마음과 정성을 넘어 생명까지 봉헌하는 마음에 집중하였으리라. 재물을 많이 쌓은 것이 반드시 평화가 오는 것이 아님을 종종 보아왔다. 예수님께서는 모든 것을 내려놓은 가난한 사람이 진정 행복한 사람이라고 말씀하신다. "부자가 천국을 가는 것보다 낙타가 바늘구멍에 들어가는 것이 쉽다."(마태 19:24)는 성경 말씀이 마음에 와 닿는다.

마침 기도로 회합을 마무리했다. 오늘은 대상자 방문과 나눔 행사까지 계획되었다. 성탄 선물로 마련한 이불 꾸러미를 나르는 회원들 얼굴에 화색이 돌았다. 활동 대상자들은 각기 다른 환경에서 힘겹게 살아가고 있는 분들이다. 마음이 아리고 먹먹해진다. 예수님께서 갈릴래아를 선택하신 이유도 가지지 못한 이들에 대한 연민 때문이었다.

많은 열매를 빨리 얻으려면 힘에 부친다. 작은 열매를 맺을지언정 하느님의 은총이 그분들과 함께하기를 기도한다. '언제는 열정적인 태양처럼, 언제는 은근한 달빛과 같이, 언제는 빈 의자의 마음'으로 활동에 나선다.

오늘도 그곳으로 갈 채비를 하고 있다.

(2021)

겨울이 오면

 입동을 넘기고 내일이 동지다. 팥죽 끓이는 방법을 검색 중이다. 끓여서 먹을까 사다 먹을까 망설이다 간편한 가공식품으로 가닥을 잡아 아랫마을로 간다. 가게 입구에서 밤 단팥죽이 빼꼼히 쳐다본다.

 - 단팥죽
 여학교는 마을과 떨어져 있었다. 빨리 종례를 해 주지 않은 선생님께 불평들이 쏟아졌다. 집에 가기 전에 친구들과 들러야 할 곳이 있기에 말이다. 시장터에서 반길 주인 얼굴만 아른거렸다.
 매일 시장 한쪽에 풀빵을 굽던 주인은 팥죽까지 곁들여 우리들의 주머니를 얄팍하게 했다. 팥죽에 동그란 풀빵 몇 개를 넣어 먹으면 배가 따뜻해지면서 세상을 다 얻은 듯하였다. 조그맣고 노르스름한 양은그릇에 담아냈다. 연탄에서 나오는 온기에 언 손을 녹이며 먹는 단팥죽은 어머니가 마련한 저녁밥을 무색하게 만들었다. 집에 가서는 저녁상을 기다리지 않은 듯, 도시락과 책가방 정리를 했다.

 단팥죽 먹는 장소도 진화하였다. 추위를 막아줄 실내에 의자와 탁자가 마련되었다. 주인은 긴 시간 죽쳐 앉아도 눈치를 주지 않았다. 어둑발이 내리기 시작해도 집에 갈 생각도 하지 않고 수다가 늘어났다.

 사온 밤 단팥죽은 너무 달았다. 이제는 담백한 음식을 찾게 되는 나이가 되었나 보다.

 - 떡국

 방앗간에 줄이 길게 늘어져 있었다. 어머니가 밤새 불려둔 멥쌀을 앞 사람이 놓은 양푼 뒤에 바짝 세웠다. 주인은 오후쯤 되어야 나온다고 집에 다녀오라고 했다. 차례가 되었다 싶어 가보아도 줄은 줄어드는 기색이 보이지 않았다. 가래떡을 빨리 먹고 싶은 마음만 앞섰다. 서너 번 확인하러 방앗간을 오가는 것이 내 몫이다. 차례가 왔을 때 쌀 주인이 없으면 가장 뒤 순서로 밀려 나간다. 시간을 잘 맞추어 가야만 했다.

 가래떡이 나오기 시작했다. 방앗간 주인이 눈대중으로 자른 가래떡 길이를 보며 눈이 휘둥그레졌다. 구슬치기 나갔던 남동생들도 시간 맞추어 들어와 앉았다. 김이 모락모락 나는 가래떡을 흰설탕에 듬뿍 찍어 먹는 것이 성탄 선물이었다.

가래떡은 하루쯤 지나 완전히 굳기 전에 동전모양으로 썰어야 한다. 어머니는 면장갑까지 껴서 썰다가 손목이 아프다고 칼을 놓았다. 동생과 나도 썰어 본다고 했으나 모양이 나지 않아 포기하면 어머니 혼자 썰었다. 말렸다가 설날이든 손님상이든 김장김치에 떡국 한 사발이면 손색이 없었다.

계절에 관계없이 떡국을 손쉽게 만들어 먹을 수 있는 세상이다. 옛날 맛이 나지 않았다. 어머니의 손맛이 마냥 그리운 것일까.

- 만둣국

중학교 졸업식이 다가오고 있었다. 어머니는 졸업식 축하 점심을 무엇으로 할까 고민 중이었다. 노총각인 담임선생님과 친구도 초대했다. 선생님은 세계사 시간에 역사적 사건보다 개인적인 이야기나 철학적인 이야기를 하여 우리를 당황케 하곤 했다. 동네 친구는 우리 집에는 좀처럼 오지 않았고 나는 단출한 친구 집에서 지내는 시간이 많았다. 집에서 선생님과 친구까지 축하연을 할 기대감은 졸업의 기쁨을 넘어섰다.

대접에 왕만두 두 개가 들어있다. 한 개를 먹으니 배가 차올랐

다. 어머니는 푸짐하게 먹으라며 하나씩 더 넣었다. 만두 속은 으깬 두부와 신 김치 다진 것, 당근과 실파가 어우러졌다. 만두가 접힌 쪽의 쫄깃한 씹힘은 가히 환상적이다. 요즘도 왕만두라고 나오는데 어머니표 왕만두보다 큰 것은 보지 못했다.

　단발머리 소녀들은 고향을 떠나 이 마을 저 마을로, 뭍과 해외로 나갔다. 세상 뜬 친구들도 있고, 소원해진 친구들도 있다. 형제들은 설이 되어도 떡국 한 그릇 함께할 수 없고 저마다의 터에서 지내고 있다. 선생님은 불혹을 조금 넘긴 연세에 세상을 떴다. 어머니의 손맛도 먼 그리움으로만 남게 된 지 오래다.

　커피와 크래커를 앞에 두고 잃었던 시간을 찾아가고 있다. 산에 첫눈이 왔다는 소식이 들린다. 겨울날 먹었던 음식들을 한 번씩은 먹어야 이 겨울을 고이 보낼 수 있을 것만 같다.

(2022)

둘째마당

엄마의 우산

질문
다산 선생의 차사랑
경계에서
꽃 길
엄마의 우산
열대의 아틀리에
항아리
봄날에

항아리 두드리는 빗소리가 요란하다. 읽던 책을 덮었다. 쏟아지는 장대비를 멍하니 보며 지난날을 회억한다. 안개비처럼 촉촉하게 적셔주었던 시간도 불러낸다.

- 「엄마의 우산」 중에서

질문

 어린이날이다. 손자에게 축하한다는 말을 전하고 싶었다. 핑계에 목소리라도 듣고 싶었던 일말의 욕심이 발동했을지도 모르겠다. 사위 전화번호를 눌렀다. 손자가 무엇을 하고 있었는지 한참을 기다렸다. 오늘 받은 장난감 선물에서 눈을 뗄 수 없었던 모양이다.
 언제부턴가 손자에게 꽂혀있는 장난감들은 카 로봇이었다. 자동차 모양이었던 것을 변신시키면 로봇이 되고, 다시 로봇을 변신시키면 자동차 모양이 되었다. 크기와 종류도 다양하고 이름도 가지가지다. 외출할 때도 한두 개 가지고 나가고, 잠을 잘 때도 가장 마음에 드는 로봇을 가지고 잠자리로 간다.
 그날은 딸네 가족과 함께 도심 속을 달리고 있었다. 손자가 딸에게 카 로봇을 변신시켰노라고 자랑하고 있었다.

"그럼 너는 또 어떤 능력을 가지고 있어?"
"……."
"엄마를 사랑할 수 있는 능력이 있어요."

몇 초 동안 침묵이 흘렀다. 딸도 그 대답에 놀란 모양이었다. 조수석에 앉아있던 나는 뒤돌아보았으나 계속 장난감에 눈을 떼지 못하고 있었다. 사랑이라~. 사춘기 소년쯤 되었을 때 쓸 수 있는 추상명사를 구사하다니. 딸은 운전하고 있는 사위의 옆구리를 꾹 찔렀다.

아이들에겐 어른에게서 찾을 수 없는 순진무구함이 있다. 아이들의 눈에 놀랄만한 진실을 포착하는 힘도 그 때문이 아닐까 싶다.

> 사랑하는 능력이 살아 있는 한
> 세상은 순수한 영혼의 화음을 울렸고
> 언제나 좋은 세상 옳은 세상이었다네

헤세의 시구처럼 사랑이 있는 한 세상은 옳게 나아가리라 믿고 싶다.

사랑을 많이 받고 자란 사람이 타인을 사랑할 수 있다고 했다. 사랑을 받은 사람은 어렵고 위험한 상황에서 용기를 잃지 않고 대처할 수 있는 회복탄력성이 있다. 유치원 생활에 이어 영어 공부와 태권도 학원도 다니고 있다. 한국의 교육제도 안에 발을 내디뎠다. 자라면서 손자가 부딪쳐야 할 어려운 문제나 인간관계를 사랑의 힘으로 풀어 갔으면 한다.

　손자가 부모와의 교감을 통해 다른 이들에게도 손을 내밀 수 있는 마음을 키웠으면 좋겠다. 사랑의 힘으로 보이지 않는 것을 느끼고 상상하며 가치 있는 일을 할 수 있는 손자의 미래를 기대해 본다.

　가족 사랑을 넘어 조국과 인류애를 실현할 수 있는 큰 이상을 품으라고…. 어린이날 손자에게 바라는 마음이다.

(2018)

다산 선생의 차사랑

여린 구름이 끼고 가는 비가 내리고 있다. 집안에 들어앉아 세상일 잠시 덮어두고 다상을 차렸다. 다관에 세작 몇 잎 넣었다. 다관을 잡으면 전해오는 도자기의 감촉과 차 내리는 소리가 청아하다. 차 빛깔은 연초록과 노랑의 중간쯤, 수채화 물감을 풀어 놓은 듯하다. 잔을 드니 향기가 전해오고, 한 모금 마시면 갈증 났던 목구멍을 슬며시 적셔온다. 저절로 눈이 감기고 두 손에 전해지는 온기가 넉넉하다. 오지 않을 이를 위한 찻잔도 하나 더 준비하였다.

다산초당 가는 길이다. 십 수 년 전 가족과 함께 남도 답사의 추억이 떠올라 휑한 바람이 불었다. 마침, 여행 일정을 물어온 딸의 안부에 더욱 그랬는지 모르겠다. 많이 변해 있었다. 주위에 음식점과 포장된 길도 낯설었다.

다산초당에서 내려오는 여고생의 재잘거림이 풋풋했다. 수학여행을 겸한 답사 왔다고 했다. 뿌리를 드러낸 고목과 돌계단을 밟으며 사적 107호 다산초당에 도착했다. 문우들을 반가이 맞이한 것은 추사 김정희 선생이 쓴 다산초당 현판이다. 초가지붕은 기와지붕으로 변한 지 오래다. 낡아서 붕괴하여 목조 초가가 목조 기와로 복원되었다.

　초당은 다산 선생이 18년 유배 기간 중 마지막 십여 년을 머물렀던 곳이다. 제자들을 가르치고 500여 권의 책을 저술하면서 힘들었던 유배 생활을 견뎌냈다. 다산초당 현판을 배경으로 기념사진 찍고 동암으로 가보았다. 동암은 다산 선생이 생활했던 곳이다. 문은 자물쇠로 채워져 있었으나 글 읽는 소리가 들리는 듯했다.

　초당을 한 바퀴 둘러보았다. 직접 수맥을 찾아 판 우물 약천, 솔방울을 지펴 차를 끓이던 부뚜막 다조는 세월의 더께가 씌워져 있었다. 심신이 피로할 때 머리를 맑게 하는 차를 즐겨 마시며 전진했던 선생의 삶. 그리 넓지 않은 곳에 흔적이 남아 있었다.

　다산이 귀양살이가 풀려 경기도 고향으로 떠나게 되었다. 강진의 제자 18명이 모여 스승의 은혜를 잊지 않기 위해 재산을 만들고 규약을 정해 다신계(茶信契)를 조직하였다. 다신계는 차를 마셔 신의를 다지고 협동하여 차를 생산하고 관리하는 모임이다. 세계에서 그 유례를 찾아볼 수 없는 아름다운 음다 풍속이었다.

다산 선생은 만덕산 백련사 주지였던 아암 혜장스님과는 벗이었다. 아암에게 주역을 가르쳐 주고 차를 얻어 마시며 서로의 친분이 두터워졌다. 만덕산의 다른 이름인 다산을 자신의 호로 삼았을 만큼 차 생활에 심취하게 된다. 강진에서의 유배 생활은 차와 함께한 생활이었다. 오늘날 내용이 전해지지 않지만 『동다기(東茶記)』를 썼고 다시(茶詩)와 차에 관한 글은 40편이 넘는다. 우리 차의 중흥에 크게 이바지하였다.

대흥사 언덕 위에 일지암을 짓고 지냈던 초의선사와 추사 김정희 선생과도 차 벗이었다. 벗이 찾아왔을 때와 돌아갈 때도 차를 마시기에 적당하다고 하였다. 다산이 친구와 더불어 화답하며 지은 시를 읊조려 본다.

  가난한 선비는 점심조차 먹기 어려운데
  새로 떠온 맑은 샘물로 부질없이 우전차를 끓이네.
  신선들의 경지에선 백성 근심 묻지 마라

다산은 제자들에서 일렀다.

  '동트기 전에 일어나라'
  '기록하기를 좋아하라'

'차를 마시는 백성은 흥한다'

선생이 자기 질서를 지키고 나라를 걱정했던 그 말의 울림이 오래 머문다.

다산 선생이 초당에서 백련사를 오고 갔던 오솔길에서 묵언 걷기를 하였다. 잠깐 선생이 걸었던 인생의 길을 상상해 본다. 조그만 야생차밭이 5월의 햇살을 받으며 윤슬처럼 빛나고 있었다. 음력 4월 20일 곡우 전에 딴 차가 상품이라 했다. 곡우가 지난지 얼마 지나지 않았으니 이즈음 딴 차도 그에 버금가리라.
  다신(茶神)이 있는 차 한 잔 그립다.

(2017)

경계에서

 마로니에 길에 들어섰다. 공원 의자에 뒹구는 낙엽들과 몸을 드러내고 있는 나무들로 도심의 가을도 깊어가고 있었다. 대학로에서 연극을 보았던 때가 언제였던가. 꽉 메운 소극장에 불이 꺼졌다.
 욕조에 누운 장애우 아들을 목욕시켜주는 아버지가 등장한다. 여느 연극과는 다른 '그 무엇'이 보일 것 같아 숨을 죽였다. 한때 촉망받는 작가였으나 장애가 있는 아들만을 위해 헌신하는 아버지. 선천적인 장애로 평생 보살핌을 받아왔지만, 어른이 되고 싶은 사춘기 아들의 삶이 이어진다. 모든 일상에서 타인의 도움을 받아야 하는 조이는 곧 성인이 되는 자신을 보살펴주는 아버지 방식이 불만이다. 아버지 역시 최근 아들이 보이는 신체적 변화와 돌발행동들에 당혹스러움을 느끼며 걱정이 많다.

　서로를 사랑하며 아끼는 부자지만 이들에게는 비밀이 있다. 아버지 제이크에게는 오랜 시간 만남을 이어온 여인 로빈이 있고, 조이는 친한 친구 라우디와 아버지로부터 독립할 계획을 하고 있다. 조이와 떨어져 지내는 것이 불만인 아버지는 아들과 말다툼을 하다가 넘어진다. 허리를 다치고 말이 어눌해진 상황까지 놓이게 된다. 아들을 돌보다 자신의 건강마저 잃게 된 아버지는 좌절감과 고통으로 절규한다.
　"난 내 고통, 내 인생을 내 맘대로 끝낼 이유가 있고 권리가 있어."
　"킬 미 나우(Kill me now)."
　아들은 내가 아빠를 돌볼 것이라고 몸부림친다. 조이의 친구 라우디가 안락사를 시킨다.

　객석에서 울음 참는 소리가 들리다가 점점 커지더니 소극장 안을 진동시켰다. 재미있는 대사 속에 절절한 슬픔이 있었다. 성과 장애 그리고 죽음 등 쉽지 않은 주제를 솔직하고 대범하게 풀어내었다. 연극은 기립박수를 받으면서 막을 내렸다. 무대 앞 관객들에게 던져진 물음들….
　참살이(well being)가 화두가 된 지도 오래전 일이다. 이제는 죽음을 스스로 준비하면서 남은 삶을 아름답고 가치 있게 마무리하는 웰 다잉(well dying) 문화가 퍼지고 있다. 안락사에 대한 논쟁으로 인간답게 죽을 권리냐, 인간 생명의 절대적인 존엄성이냐의 대립이 팽팽하다. 캐나다 작가 브래드 프레이저가 '킬 미 나우' 연극을 올리고 나서 더욱 논쟁이 가열되고 있다. 부인을 위해 안락사가 가능한 스위스로 간 남편에 대해서도 무죄판결이 내려졌다. 스위스로 안락사 여행을 가는 이들이 꾸준하게 늘어나고 있다.

지난봄에도 '죽기 위해 떠난 사람'은 호주의 생태학자, 데이비드 구달 박사다. 노년이 되어 삶의 의미가 박탈되는 순간들을 마주하면서 살아야 할 이유를 잃어버렸다. 백네 번째 생일날에 환희의 송가가 방안을 채운다. 가족들이 지켜보는 가운에 '고통 없이 죽을 수 있는 약', 넴뷰탈 정맥주사 밸브를 직접 열었다. 죽음이 인간을 무릎 꿇려 데려가기 전에 자유의지로 죽음을 선택한 당당함. 통곡과 음울한 장송곡 대신 환희의 송가라니!

삶과 죽음의 경계에서 서성거리지 않을 수 있는 용기와 힘은 어디에서 오는 것일까. 먹먹한 가슴과 휘몰아치는 혼란스러움으로 감내하기 힘들었다. 나에게 죽음이 슬픔과 두려움에 함몰되지 않을 수 있는 날은 언제쯤일는지….

우리나라도 올해 봄부터 '존엄사법'이 시행되었다. 임종이 임박한 환자에게 자기 결정권이 인정된 것이다. 이승을 떠난 지인들을 가까이 보면서 '연명치료 의향서'를 작성해두려고 기다리고 있었다. 죽음은 영원한 생명과 부활, 그리고 영혼이 있어 생명의 단절을 의미하지 않는다고 하지만, 나의 죽음을 담담하게 받아들일 수 있는 날은 아득하게 멀어만 보였다. 최소한 나의 의지를 남기고 싶었다. 떨리는 마음을 진정시켜본다. 서류를 작성하는 데는 오랜 시간이 걸리지 않았다. 안락사보다 소극적 치료 중단 행위가 정착되기까지는 풀어야 할 숙제들이 많아 보였다.

볕바라기 하기 좋은 늦가을이다. 초록으로 덮였던 숲은 또 다른 계절의 옷으로 물들고 있다. 헐벗기 시작한 가지들도 눈에 들어온다. 사방에 퍼져있는 청량한 나무향기가 몸을 감싸 안았다. 바람결에 살짝 얼굴도 내밀어 본다. 폭신거리는 낙엽을 밟으니 땅의 기운도 얻은 느낌이다.
광활한 하늘이 숲속으로 들어가는 한 사람을 내려다보고 있었다.

(2018)

꽃 길

벚꽃 필 무렵 세상 빛 보았다
할아버지 손잡고 꽃길 걸었던 추억
바로 엊그제 같은데…

시간은 화살처럼 흘러 서른 해
태어난 날 짝과 굳은 서약을 했다
생의 동반자와 마주 선 순간
은백색 드레스에 비친 딸의 얼굴

천상에서 보낸 베드로
목소리 들리는 듯 들리는 듯싶어
한동안 하늘을 올려다보았다

"멀리 함께 길을 가라."

그 꽃길을 딸과 함께 걸었다.

(2017)

꽃 길 · 63

엄마의 우산

커튼을 걷는다. 부유스레하다. 멀리 보이던 바다가 순식간에 안개로 덮인다. 정원의 나무와 꽃들도 숨어버렸다. 멀리서 천둥소리가 들리는 것으로 보아 큰비 내릴 기세다. 장마가 들기 시작하면 지나간 시간이 스멀스멀 꿈틀거려 회상에 젖곤 한다.

음식을 많이 가려 몸이 약했다. 또래 친구들보다 키도 작았다. 누가 보아도 핏기없는 피부와 새처럼 가는 다리는 보호 본능을 느끼게 했다. 비바람에 휙 날아가 버릴 것 같은 걱정이 앞섰을까. 어머니에게는 아픈 손가락이다.

여학교는 마을과 떨어져 있었고 포장이 안 된 길이다. 많은 비가 내리면 곳곳에 물웅덩이가 생겨 신발을 적시기까지 했다. 검은 구름이 몰려오기 시작하면, 어머니는 우산과 장화를 가지고 학교로 달려오셨다. 수업 중이면 슬며시 교실 뒤에 두고 갔다.

친구들은 누구의 어머니인지 안다. 비 오는 날 학교에 오는 유일한 분이다. 농촌에서는 우산 대신 비료 포대나 농업용 비닐 등으로 비를 피했다. 오빠와 남동생 우산은 없다. 친구들은 여느 집과는 다른 분위기를 부러운 눈으로 쳐다보곤 하였다.

집으로 돌아올 시간에 비가 그칠 때가 있다. 후덥지근하지만 어머니가 가져다준 장화로 갈아 신었다. 우산은 지팡이로 변했다. 집에 오자마자 아버지가 근무하는 곳에 우산을 가져갔다. 아버지 동료들에게 칭찬을 받으면 콧노래가 절로 나왔다.

어머니의 몸은 일기예보였다. 다리가 심하게 쑤셨다. 산후조리를 제대로 하지 못한 후유증이다. 이제는 움직임이 여의치 않아 누군가의 도움을 받아야만 했고, 곱고 당당했던 모습도 점차 사그라져 가고 있다. 이순이 훨씬 넘었음에도 어머니의 우산에 조금이라도 더 기대고 싶었다. 서로 사랑하고 볼 수 있는 시간도 그리 많이 남아 있지 않은 것 같다. 이승 떠난 아버님 목소리도 들리는 듯하다. 휑한 바람 한 자락 지나간다.

자녀들이 초등학교에 입학하게 되면 맨 먼저 장만하는 것이 책상이다. 나만의 목록에는 우산과 우비, 장화가 들어있었다. 병아리색 장화와 분홍빛이 감도는 우산, 책가방까지 덮을 만한 넉넉한 비옷을 일찌감치 준비했다.

아침에 비가 오지 않아도 준비하는 것은 딸애의 우산이다.

장마철에는 언제 비가 쏟아질지 모르기에 말이다. 딸아이는 교실에 마땅히 둘 곳이 없다고 툴툴거려, 일 초가 아쉬운 출근 시간에 실랑이를 벌이곤 했다.

아이 하교 시간이 가까워지고 있다. 빗방울이 점점 굵어진다. 하던 일에도 몰입하지 못하고 창밖만 보며 혼잣말을 해댔다. 옆자리 동료에게 비를 탓하는 소리를 들켜 버렸다. 가뭄이 들어 계속 비가 내려도 모자랄 지경이라고 했다. 농사를 모르는 내가 한 방 맞은 것이 아닌가. 비가 와도 아이에게 우산을 가져다줄 수 없었던, 일하는 엄마의 한계를 넘지 못했던 시절 이야기다.

딸아이는 결혼하여 엄마가 된 지도 십 년이 다 되어 간다. 회사에 들어가서 차곡차곡 경력을 쌓아가다 일을 접었다. 동동 걸음을 걷지 않으니, 내 마음도 편하다. 장대비가 쏟아져도 손자에게는 든든한 엄마의 우산이 있지 않은가.

항아리 두드리는 빗소리가 요란하다. 읽던 책을 덮었다. 쏟아지는 장대비를 멍하니 보며 지난날을 회억한다. 안개비처럼 촉촉하게 적셔주었던 시간도 불러낸다.

안개가 서서히 걷히고 있다. 자연스레 생기 얻은 화단과 텃밭 식물들이 사랑스럽다. 물 먹은 잔디도 더욱 파랗게 올라오고 있다. 먼바다에 떠 있는 숨바꼭질하던 섬도 제 모습을 드러낸다. 조각구름 사이로 햇살이 얼굴을 내민다.

(2019)

열대의 아틀리에

 환상의 세계로 빠져든다. 거대한 파도, 신비스러운 풍광, 비 내리는 밤을 순식간에 씻어내면서 화가가 등장한다. 수염을 깎지 않은 붉은 턱과 작은 눈 그리고 투박하고 공격적인 코, 육감적인 입술과 콧수염이 특이하다.
 얼굴은 부분적으로 붉은색을 띠었다. 푸르죽죽한 웃옷으로 전체적인 분위기는 죄수를 떠올리게 한다. 자화상이 희미하게 사라지고 검게 그을린 여인들의 얼굴과 아른거리는 불빛이 화면 가득 채운다. 농촌 풍경으로 계절의 변화를 느끼게 하는 것도 잠시, 다시 새로운 장면으로 바뀌고 있다.
 국가기밀통신망이 미디어아트 전시관으로 탈바꿈했다. 문우들과 함께 감상한 프랑스 몰입형 미디어아트는 여느 미술관 관람과는 다른 독특한 경험이었다. 색감은 더욱 선명했고 빛과 음악에 싸여 신비감마저 주었다.

한쪽 기둥 옆에 앉아 빛의 분위기를 즐기고 있다. 앉았다 일어서기를 반복했다. 빠르게 지나가는 작품을 카메라에 담고 싶었다. 감상하는 동안 서머셋 몸이 타히티를 다녀오고 쓴 소설 『달과 6펜스』와 겹쳐졌다.

탈 없이 지내고 있던 증권 중개인이 가족과 직업을 버리고 집을 나간다. 화가가 되겠다고 파리의 뒷골목을 떠돌던 주인공 스트릭랜드는 태평양 외딴섬을 찾아간다. 깊은 숲속에서 그림을 그리면서 지낸다. 한센병에 걸리고 시각장애인이 된 채 죽음을 맞는다.

새로운 빛줄기와 음향이 관람객들을 사로잡는다. 위쪽 모서리에 노란색으로 작품 제목이 쓰여 있고, 오른쪽에는 화가 이름을 적어 놓았다. 다른 화가들과는 다르게 작품 속에 제목과 이름을 써넣은 연유는 무엇일까.

고갱이 가장 힘든 시기에 그린 '우리는 어디에서 왔으며, 누구이며, 어디로 가는 것인가'와 마주하고 있다. 큰 벽을 가득 메운 그림에 관람객들은 열대우림의 숲속에 들어온 착각을 일으킨다. 끊임없는 생활고와 사랑하는 가족의 죽음으로 자살도 결심했었다. 마지막 혼의 결집체 앞에 앉은 관람객에게 무엇을 묻고 싶은 것일까. 작품은 빛과 음향과 함께 순식간에 사라져 버렸다.

세계 명작전집을 다시 펼쳐보고 있다. 여학교 미술시간에 유명화가 작품을 감상하던 날, 언젠가 명화집을 가지고 싶다는 열망을 품게 되었다. 수중에 금전이 들어오기 시작하자 무리한 지출을 했다. 지금은 섬에서 뭍으로, 외국으로 나가지 못한 것에 대한 대리만족을 주고 있다. 명화전집은 나의 삶에 둥지를 틀어 친구처럼 함께 가는 중이다.

전체적인 배경은 푸른색 계통이나 인물들은 노란색이나 황색 빛이다. 원근법은 생략하고 상상력과 무의식으로 덧칠해졌다. 잠든 아기와 세 명의 여인은 인간의 탄생과 연결이 되는 것이 아닌지 상상해본다. 보라색 옷을 입은 두 여인은 어떤 은밀한 이야기를 하는 것일까. 오른팔을 올린 남성과 또 다른 남성이 과일 따는 모습에 눈길이 쏠린다. 성경 속에 나오는 선악과를 표현한 것 같다.

두 마리 고양이와 함께 있는 소녀는 과일을 먹고 있다. 흰 산양은 귀를 세우고 무언가를 찾고 있는 듯하다. 동물들을 그림에 넣은 화가의 생각을 얼른 짐작하기가 쉽지 않다. 땅을 짚고 앉아있는 여인은 양팔을 벌리고 어느 곳인가 가리키고 있다. 괴로워하는 노인의 얼굴에는 죽음의 그림자가 드리워지고 있음은 아닌지.

큰 작품이라 전집 두 면을 차지하고 있었다. 삼베에 유화물감을 사용했다는 소개 글이 있었다. 인간 존재의 철학적 물음을 던지며 유언처럼 남긴 작품이다. 작품을 끝내고 자살을 결심했으나 그 이후의 삶이 더 고통스러웠다니, 마음이 미어지고 연민이 북받쳐 오른다.

소설 속 스트릭랜드는 안락과 명예를 버리고 다른 삶을 선택했다. 『달과 6펜스』는 서로 다른 두 가지 세계를 암시한다. 달은 모든 사람이 바라는 이상향이며 인간이 상상하고 열정을 품을 수 있는 곳이다. 삶의 비밀이 그곳에 있는 듯하다. 6펜스는 낮은 단위의 동전 값으로 하찮은 물질이며 세속적 욕망이 아닌가.

소설의 주인공 스트릭랜드와 화가 고갱은 목가적인 은둔만을 위해 남태평양으로 떠나지는 않았을 것이다. 새로운 영감, 오래전에 잊힌 종교와 전통, 장대한 원시 신화의 발견을 위한 걸음이었지 싶다. 늘 이상과 현실 속에 갈등하고 있는 우리들의 모습은 아닐는지….

우리는 어디에서 왔으며, 누구이며, 어디로 가는 것인가. 그들이 조용히 묻고 있는 것 같았다.

(2020)

항아리

　대문 안쪽에 있는 빈 항아리들과 눈을 맞춘다. 한평생 어머님과 함께했고 시댁 대문에 들어서면 맨 먼저 반겼던 것들이다. 어머님의 손길이 묻은, 사람 허리보다 높은 제주 항아리 대여섯 개와 작은 옹기들. 터를 옮겼으나 옛 주인의 손길을 그리워하는 것만 같다.
　어머님을 병원으로 옮긴 지 달포쯤 되었다. 팬데믹으로 하루 면회자 인원이 제한되어 임종을 볼 수 없을지도 모르겠다는 연락이 왔다. 서둘러 어머님께 달려갔다. '어머니~' 한 옥타브 올려서 불렀다. 초점을 잃은 눈은 허공만 보며 반응이 없었다. 레테의 강을 건널 시간이 서서히 다가오고 있었다. 모든 것을 내려놓은 편안함인지 무심함인지 어머님은 아무런 반응을 보이지 않았다. 당신 집을 찾았을 때 반기던 그 모습은 어디로 갔는지….

어머님은 인사를 채 나누기도 전에 냉장고 문을 열어젖히곤 했다. 다진 마늘, 다듬은 파, 자리돔 다진 것, 물미역, 취나물, 김치 등 갖은 찬거리를 꺼내 놓았다. 빠뜨리지 않고 챙겨주시는 것은 된장이었다. 아이들은 어리고 집에서 식사하는 일이 드물었다. 된장이 그리 빨리 바닥이 나겠는가. 일하는 며느리가 밥은 제대로 챙겨 먹고 있는지 걱정하는 눈치였다. 찬거리를 챙기고 나면 '어서 가라. 너도 가서 쉬어야지.' 주말에 방문한 며느리에 대한 배려라는 걸 알기에 나 역시 선뜻 일어서질 못했다. 오직 자식들 얼굴을 보기 위해 기다렸을 어머님의 마음을 조금이나마 헤아리고 싶었다.

명절과 제사 때 편한 일은 나에게 맡겼다. 바깥 부엌에서 하는 일은 어머님 몫이었다. 음식을 만들다가 조언을 구하면 "짜지만 않으면 된다."라는 말씀이 전부였다. 명절이 끝나면 친정 부모님이 기다리고 있을 거라고, 하던 일을 멈추게 했다. 결혼식 날, 친정아버지가 "사돈님께서 많이 도와주십시오." 하며 어머님께 따로 드린 부탁을 마음에 두셨던 것인지, 설익은 나를 따뜻하게 품어 주셨다.

제사를 우리 집에서 모시게 되었다. 새 제사용품을 마련할 경비까지 쥐어 주었다. 냉동 가능한 식품은 미리 장만해 두었다가, 제사 지낼 경비까지 함께 보냈다. 어머님 눈으로 보면 나는 늘 부족했을 텐데 "애썼다, 수고했다."는 말로 편안하게 대해 주셨다.

어머님은 큰 항아리에 된장을 담갔다. 구수하게 익은 된장은 자식들뿐만 아니라 동네 분들과도 나눠 먹었다. 암 투병중인 동네 며느리에게, 혼자 사는 어르신께, 옆집에 터를 잡은 이주민에게 베풀다 보면 된장 항아리는 금세 골막해졌다. 자식들의 만류에도 불구하고, "사람은 없어도 된장이 있으면 나쁠 일이 없다." 하며 팔순을 훨씬 넘을 때까지 된장을 담그셨다.

항아리에서 된장을 발효시키듯 어머님은 뭐든 긍정적으로 받아들였다. 거동이 불편해져 도움 기관으로 모셨을 때도 잘 적응하셨다. 가족을 떠나 다른 이의 도움을 받는 게 마음 편한 일은 아니었겠지만.

영정사진을 들고 어머님이 살았던 집안을 한 바퀴 돌았다. 집안 곳곳에 묻어있는 어머님의 체취가 스멀스멀 고개를 내미는 것 같았다. 함께했던 시간이 겹쳐지면서 먹먹한 바람이 일었다. 고인이 이승의 삶에 미련을 갖지 말게 앞만 보라지만, 옮기는 걸음이 쉬 떼지지 않았다.

한 줌의 재가 된 어머님을 가슴 가까이 당긴다. 언제 이렇게 어머님을 가까이 대한 적이 있었는가. 진심으로 안아드린 시간은 정녕 있었는지….

대문 안에 나란히 어깨동무한 항아리들. 볼 때마다 어머님의 시간이 소환되고 가슴이 서늘해진다. 당신의 넉넉한 품에 머물 수 있어서 행복하고 감사했다고 전하고 싶다. (2021)

봄날에

 음악 방송이 분주하다. 프로그램마다 작곡가의 음악이 나오지 않은 날이 없다. 비장의 카드는 열일곱 시간 넘게, 삶과 음악을 소개하는 릴레이 방송이다. 계절과 관계없이 들려주었던 곡이나 연말에 자주 나오는 '합창'은 물론, 숨겨진 삶의 이야기로 큰 선물을 안겨 주고 있다. 아직도 진행형이다. 베토벤 탄생 250주년을 맞아 그의 작품을 원 없이 감상하고 있다.
 처음 알게 된 클래식 음악이 베토벤 곡이다. 새내기 때 교양과목 과제를 하기 위해 선택한 것이 '전원'이었다. 과제의 내용은 음악을 듣고 해설하는 것이었다. 난감했다. 전축도 레코드도 없었기에, 음악 애호가인 선배 언니 힘을 빌었다. 언니는 학교 근처에서 자취하고 있었다. 첫 강의 시간보다 일찍 나가 감상하여 무난하게 과제를 해결할 수 있었다.

'전원' 전 악장을 들려준다기에 귀를 세웠다.

제1악장은 '전원에 도착했을 때의 유쾌한 기분'이라는 표제가 붙어있다. 자연의 무한함과 평화로움을 담았다. 이어지는 악장은 시냇물이 잔잔하게 흐른다. 꾀꼬리와 메추리, 뻐꾸기 소리로 목가적인 분위기를 연출하였다. 목관악기가 내는 새소리에 빠져든다. 마치 꽃피고 새가 우는 봄이다.

이어지는 3악장은 Allego로 풍년 들어 농부들에게 즐거운 가을 들녘이다. 시골에서의 평화로운 춤곡이 이어지다가 빗방울이 비치더니 폭풍이 몰아친다. 여름에 갑자기 내리는 소나기를 연상하게 된다. 팀파니가 천둥소리를 내면서 4악장이 마무리되었다. 마지막 5악장은 폭풍이 지나간 자리의 평화를 Allegretto로 끝을 맺었다.

안식과 감사가 넘친다. 빈 들녘이 모진 추위를 견뎌 다시 봄을 맞는 기쁨이다. 음악을 듣는 동안, 살아 계시다면 구순이 훨씬 넘었을지도 모를 지도교수님과 생기발랄했던 친구들 얼굴이 아련하게 떠올랐다.

베토벤은 힘든 유년 시절을 보냈다. 어머니와 여동생의 연이은 죽음, 알코올 중독자가 된 아버지의 폭력으로 위안 삼았던 곳은 라인강변이었다. 강변 숲 주변에서 들었던 새소리와 물소리는 자연의 교향악이었다. 빈으로 이주한 후, 귓병에 시달리던 베토벤은 하일리겐슈타트에서 지냈다. 새벽부터 작곡하고 오후가 되면 어김없이 산책했다. 뒷주머니에 오선지를 끼고 다녔던 뒷모습. 하일리겐슈타트 숲을 걷다가 악상이 떠오르면 오선지에 메모를 남겼다.

유서까지 썼던 베토벤이다. 청력에 문제는 있었지만, 영혼의 소리를 들을 수 있는 탁월한 내면의 귀를 지니고 있었다. 자연과 무언의 대화를 주고받는 것이 큰 위안이 되었으리라. 다시 고향에 가지 못한 슬픔과 유년 시절의 추억을 담고 싶어서일까. 라인강 주변 소리와 닮은 것이 '교향곡 6번 F장조 전원'이다. '전원'을 듣고 있노라면 마치 베토벤과 함께 그 길을 걷는 느낌마저 들게 한다.

음악이 끝난 뒤 책장을 뒤졌다. 사들인 지 족히 15년은 넘었으나 끝까지 읽지 못한 책, 로맹 롤랑이 쓴 『장 크리스토퍼』다. 직장생활로 헉헉대며 지내던 때다. 천페이지 넘는 방대함에 멈추었던 모양이다. 완독한 후련함과 베토벤의 삶을 좀 더 깊이 볼 수 있는 여유도 덤으로 얻었다.

소설은 크리스토퍼 출생과 죽음까지 과정으로 끝난다. 청년 시절까지 생활은 베토벤의 실제 삶과 거의 흡사하였다. 넘나들었던 유럽 여러 나라와 도시에서 만났던 사람들, 연인과 관련된 음악들은 애달프기까지 했다.

로맹 롤랑은 베토벤의 전기를 쓸 정도로 큰 애정을 품고 있었다. 소설이나 수필을 쓰려면 소재에 대한 통찰은 물론, 깊은 인

문학적 지식이 필요함에야…. 책을 읽는 동안 겁 없이 수필을 쓰겠노라고 뛰어든 나를 잠시 들여다볼 수 있는 시간이었다.

교향곡 6번을 감상할 때면 내가 걸어온 삶의 자국과 겹쳐진다. 꽃이 만발하고 새들의 지저귀는 봄 풍경은 유년과 소녀 시절이다. 가슴 속까지 후벼대는 고민이 없는 초원에서 뛰노는 사슴이었다. 농부들의 평화로운 춤곡은 마치 청년 시절과 아이들이 내 품에 있고 가족과 함께한 행복했던 시절이다.

여름날 소나기와 천둥소리는 인내심이 바닥을 쳤을 때의 마음이었다. 조금 느리게 이어지는 마지막 악장은 인생의 가을 중반에 서 있는 나의 모습이다. 고요와 평화의 소리. 요즘 나에게 주문을 외우고 있는 감사의 기도가 은밀하게 들어오는 듯하다.

정원으로 걸음을 옮긴다. 하나둘 얼굴을 내밀기 시작한 봄꽃들은 먼저 눈을 맞추어 달라고 애원하는 듯하다. 꿩 한 마리가 날아왔는데 순간 포착을 하지 못해 금세 날아가 버렸다. 새들은 텃밭에 뿌려놓은 음식물을 먹으려고 모여든다. 불타는 영산홍으로 눈이 부시다. 연녹색으로 물든 감나무잎은 바람을 넘나들며 여유를 부리고 있다. 챙 넓은 모자를 쓰고 쑥 넣을 대바구니 하나 챙긴다.

봄의 교향악이 나를 부르고 있다.

(2020)

셋째마당

쉼표가 있는 자리

동백꽃 지다
멸치액젓에 담은 사랑
한라산의 철쭉
핀란디아
경계의 꽃
겨울을 부탁해
레터케니 사람들
쉼표가 있는 자리
인향동의 여름

요즈음엔 동네 어르신들이 인향동(仁香洞)을 인향동(人香洞)으로 소개하기도 한다. 향기로운 꽃 내음은 바람에 실려 백리(百里)까지 퍼져나간다. 사람의 향기는 더 멀리 만리(萬里)까지 간다고 했다. 할머니와 큰아버지, 아버지는 이승 떠난 지 오래되었다.

-「인향동의 여름」중에서

동백꽃 지다

동백꽃 배지는 오십 원짜리 동전만 하다. 모자나 겉옷에 단 배지는 어떤 고급스러운 액세서리 못지않다. 주민자치센터와 도청 4·3지원과에서 오십여 개 받아왔다. 4·3 70주년을 맞이하여 만든 것이다. 호응이 좋다. 뭍으로 나가면서 몇 개를 작은 지갑에 넣는다. 마치 4·3 홍보대사가 된 것처럼….

외할아버지를 포함한 형제들과 인척들은 광풍을 벗어나지 못했다. 작년이 4·3 70주년이다. 해가 저물기 며칠 전에 큰외삼촌으로부터 할아버지의 억울한 죽음을 상세하게 듣고 싶었다.

할아버지는 이유도 모른 채 읍내 경찰서에서 3일 갇혔다. 1948년 12월 13일(음력 11월 13일), 할아버지 댁에서 조금 떨어진 언덕배기에서 어린이와 노인들 48명이 총살당했다. 경찰들은 동네 사람들에게 구경까지 오라는 악랄한 일까지 벌여 죽음 장면을 목격한 사람들이 많았다고 한다. 외가 마을에서는 같은 날 돌아가신 사람들이 많아서 떡방앗간에서 제사떡을 사기가 힘들 정도였다.

외할머니는 어찌하여 우리 남편이 죽었느냐고 항의하자 대살(대신 죽는 것)이라 했다. 직접 물어보라면서 밀고한 사람 집으로 데리고 갔다. 외삼촌이 성인이 된 후에 그 사람이 누구인지 알고 있었지만, 그 당시도, 아니 영원히 말하지 못할 것이라고 했다. 그 사람도 이젠 고인 되었다. 삼촌은 열 살 안팎이었을 텐데 생생하게 기억하고 있었다.

외할아버지 가족은 경술국치 이후 일본으로 건너갔다. 경제적 어려움이 있었거나 일제의 수탈에서 벗어나고 싶었으리라. 제주만이 아니라 많은 민초들이 일제의 수탈로 땅과 가산을 잃고 고향을 등져 만주로, 연해주로, 하와이로, 미주로 이주의 길을 떠나지 않았던가.

해방이 되어 기쁜 마음으로 네 식구가 관선에 올랐다. 기대도 잠시였다. 친정어머니는 할머니의 통곡을 기억하고 있었다. 어린 자식들을 두고 먼저 가면 당신은 어찌 살라고 그러느냐고 울부짖었다. 외할머니는 가장 잃은 슬픔을 가슴에 묻고 살다 86세에 영면하셨다.

외할아버지의 이승에서 삶은 36년. 큰딸인 나의 어머니는 열여섯 살이었고 여동생 두 명과 남동생 두 명이 있었다. 할머니는 장정이 없는 집안에 기둥 노릇 하느라 힘이 들었을 것이다. 외가 가족들은 공부를 길게 하지 못하였으나 외할머니의 친정에서 밭도 물려받고, 보내온 곡식으로 끼니는 거르는 적이 없었던 것은 다행이었다.

얼마 전까지만 해도 4·3에 대하여 말하기를 꺼렸다. 큰외삼촌이 '이제야 말 햄 수다'라는 모 방송 프로그램에 나오기 전까지는 말이다. 많은 제주도민이 4·3으로 인한 트라우마를 가지고 살고 있다. 나의 오빠가 국가기관에 1차 시험에 합격했으나 신원조회를 하면 합격이 취소될 수 있다는 소문이 나돌아 마음 졸였던 적도 있었고, 4·3 연좌제로 많은 사람이 취업하지 못하는 억울함도 허다했다.

나의 시부도 4·3에 연루되어 끌려갔는데, 총알이 빗나가 고향으로 돌아온 후 결혼하였다. 어깨에 총상을 입은 자국을 보면서 끔찍했던 당시의 시간을 회상하곤 했다고 들었다. 친정아버지도 중학생 때 4·3에 희생될 뻔했다. 친할머니의 기지로 제주시로 급히 피신시켜 살아남았다. 어찌 우리 집안뿐인가. 제주도민 3만 명이 희생된, 아직도 명쾌하게 밝혀지지 않는 어두운 현대사다.

작은딸이 대여섯 살쯤부터 신산공원에서 4·3 위령제를 지냈다. 직장을 다니며 아이를 친정어머니께 전적으로 맡긴 상태였다. 어머니는 손녀를 데리고 위령제에 참가했다. 작은아이는 할머니가 왜 그렇게 슬피 우는지, 고등학생이 되어서야 어렴풋이 알았다. 4·3이 수면 위로 떠오르면서 교육 현장에서도 4·3과 관련 행사가 열리고 있었다. 위령제에서 통곡하던 기억을 떠올리며 제출한 글이 큰상을 받아 책자로 만들어 나왔고 할머니에게 가져다드렸다. 가끔 손녀의 글과 다른 학생이 쓴 산문과 시를 읽으면서 서러운 눈물을 훔쳤다. 그 먹먹한 마음을 어찌 다스리며 살았을까. 손녀의 글이 실린 책장에 눈물이 번졌다.

4·3공원이 조성되었다. 벼르고 있다가 어머니를 모시고 갔다. 할아버지 이름과 친척들 이름이 새겨진 곳도 보았는데, 음산한 분위기 때문인지, 마음에 고통이 아직도 남아 있었는지, 다녀온 후 몸져누웠다. 효도한다는 것이 불효를 저지르고 만 셈이다.

어머니는 요즘 기억이 가물가물하고 있다. 당신 아버지는 36세에 자식들을 두고 돌아가셨다는 말과 아버지의 사랑을 듬뿍 받고 자랐다는 정도만 기억하고 있다. 4·3유족에게 지급되고 있는 약간의 유족연금과 병원비 지원이, 어찌 그 잃어버린 세월을 보상받았다고 하겠는가. 살아남은 자의 슬픔이다. 이제 어머니도 외할머니가 산 세월을 넘기고 있다. 4·3유족의 일원으로 다시는 이런 아픈 역사가 되풀이 안 되기를 소망할 뿐이다.

겨울에 눈 쌓인 동백꽃 풍광이 사람들을 유혹한다. 남쪽 지방의 색다른 풍경으로 제주 서귀포시 동백마을은 몸살을 앓을 정도로 북적이고 있다. 동백은 모진 추위를 이겨내고 봄을 맞이하고 있으나 제주의 봄은 정녕 온 것인가.

뚝 떨어지는 선연한 핏빛이 보인다.

(2019)

멸치액젓에 담은 사랑

 하늬바람을 이겨낸 동백이 의연하게 하늘을 향해 있다. 매화는 앙증맞은 얼굴을 내밀며 아침 인사를 건넨다. 봄이 오는 소리는 들리지만, 아직 바람은 차다. 소식을 들은 것은 계절의 길목인 입춘 아침이었다.
 일 년 만에 뵙던 날, 선생님은 긴 투병 생활로 몸은 더욱 수척해지고 가까스로 튜브에 의지하여 삶을 버텨 내고 있었다. 돌아가시기 일주일 전에 연락을 받고 간 곳은 중환자실이다. 감고 있던 눈을 번쩍 뜨시며 반응을 보인 것이 마지막 모습이다. 소풍 끝나는 날이 다가오고 있음에, 차마 발길을 떼기 힘들었다.

 첫 번째 과제는 3월 안에 끝내야 하는 환경정리다. 평일 방과 후와 주말, 일요일까지 애를 썼으나 다시 꾸미기를 반복해야만 했다. 우리는 서서히 주눅이 들기 시작하였다. 시험공부를 잘하고 있는지 늦은 밤이라도 가정방문을 하겠다고, 불이 꺼져 있으면 공부를 하지 않는 것으로 간주하겠노라고 으름장을 놓았다. 순진한 소녀들은 '불을 켜놓고 자면 되지 뭐~'하는 기막힌 생각까지 하게 되었다.
"재시험이다."
반 평균 점수가 기대에 미치지 않았다며 의자를 들고 나와 운동장에서 시험을 치르게 했다. 의자는 책상으로 변신하고, 무릎은 땅에 대고 시험을 치르는 형국이란…. 교내 체육대회 날은 열성 감독으로 변신하는 바람에 목이 다 쉬었다. 반 대항 송구대회에서 골을 많이 넣은 친구를 입이 마르도록 칭찬하였다. 응원선수였던 나도 승리의 기쁨을 가족들에게까지 전하였다. 선생님의 가정 방문계획에도 독특한 셈법이 숨어 있다. 비가 오는 날에는 학부모들이 들이나 밭에 나가지 않으리라는 기대였다. 가정방문 갈 때는 친구와 나를 데리고 갔다. 반 친구 어머니가 끓여준 라면을 대접받았던 기억은 특별한 추억으로 남아있다.
우리와 생활한 지 일 년 만에 선생님은 고향에 있는 학교로 떠났다. 어둠을 밝혀주던 등대가 갑자기 보이지 않아 두려웠다고 할까. 애증이 섞인 시간을 회상하며 아쉬워했다. 3학년에 올라가면서 주말에는 친구들하고 선생님 댁을 방문하기도 했지만, 고등학교에 진학하면서 거의 뵙지 못하였다. 그 후에는 의례적인 연하장으로 안부를 대신하였다.

  가끔 뵐 때마다 같은 학교에 근무하는 것이 소원이라고 말씀하였다. 단발머리 소녀의 기억으로 굳어졌을까. 성인이 된 지 오랜 제자를 도닥거려주고 보듬어 주고 싶은 마음이 있었지 싶다.

  선생님이 섬 학교에 근무할 때였다. 친정집에는 나에게 전해 달라는 멸치액젓이 주말을 기다리고 있었다. 액젓은 섬에서 나는 특산물 중의 하나였다. 잘 숙성된 액젓은 우리 집 음식에 사랑의 감칠맛으로 더해졌다. 촉촉하다 못해 따스하다. 친정어머니는 나를 두 분의 아버지를 둔 행복한 아이라고 말씀하시곤 하였다. 무엇이 스승과 제자로 40여 년 넘은 질긴 인연으로 이어오게 한 것이었을까.

  마지막 가는 길은 인사도 제대로 하지 못한 아쉬움이 컸다. 하여 스승의 날이 가까워지면 흑백사진처럼 지난날을 소환하고 싶어지는지도 모르겠다.

(2020)

한라산의 철쭉

한라산 등허리에 붉은 기운이 맴돌 때면
눈이 퉁퉁 붓게 울었던 날이 떠오른다

몸이 허약하다는 이유로 어머니는
한라산 등정을 단호하게 만류했다
사정을 모르는 친구들 사이엔 소문이 무성했다
가지 못한 친구들을 가만히 두지 않았다
꽃길 조성 벌칙만 주어졌고
우리는 억울하다고 떼지어 합창했다

성년식을 마치고 첫 소원은 한라산 등반이었다
어머닌 산악부대원 오빠와의 동행을 허락했다
숨 고르기와 걷는 법을 천천히 배우며

마침내 한라산과 한 몸이 되었다
그 희열의 순간, 산철쭉에게 들키고 말았다

산은 그날 나에게 묵언을 들려주었다
오르기보다 내려오는 길이 더 힘들다고…

요즘 내 인생의 내리막길에서
그때 만난 산철쭉의 표정을 잊을 수가 없다.

(2022)

핀란디아

　느릿하고 묵직한 음악이 흐른다. 바순과 호른, 트롬본 연주가 민족의 고난을 실감나게 그려내고 있다. 금관악기 팀파니가 음산하면서도 장엄한 분위기를 자아낸다. 애절한 선율은 나라 잃은 국민의 비통한 마음을 대신 말하는 것 같다. 스웨덴에서 핀란드 헬싱키로 이동 중이다. 안내자가 장거리 버스 여행에 지친 일행을 위한 음악을 선사하였다.
　핀란드는 자작나무로 여러 가지 물건들을 만들어 상품화하고 있었다. 북유럽 국가 중에는 국민소득이 낮은 편이나 우리나라 두 배가 넘는다. 초등학생들에게 아침 등굣길에 불소가 들어간 비스킷과 자이리톨 두 정을 주고 있다. 국가적인 충치 예방 캠페인을 벌이고 있는 중이었다.
　핀란드는 스웨덴에 600년, 제정러시아에 100년 동안 지배를 받았다. 우리나라도 이웃하는 열강 사이에서 시련을 겪었듯이 핀란드의 위치도 스웨덴과 러시아 사이에 끼어있었다. 동병상련이랄까. 암울했던 정치적 상황임에도 불구하고 독립의 희망을 놓지 않았던 그들의 역사를 짐작해본다.

19세기가 끝날 무렵, 핀란드는 제정러시아 니콜라이 2세의 언론 탄압과 자치권에 대한 심한 간섭을 받았다. 이에 항의하는 연극 '역사적 정경'이 공연되고 '핀란디아'는 이 공연에 사용한 일련의 곡 중에 일부분이다. 마지막에 연주된 곡이 '핀란드여, 깨어나라'였다. 우리가 요즘 듣고 있는 핀란디아는 나중에 개작된 것이다.

처음에는 '수오미(suomi 핀란드어로 호수의 나라)'란 제목으로 발표하여 국민의 열광적인 갈채를 받았다. 핀란드인의 저항을 호소하듯 사납고 열정적인 음률이 넘쳐나기 때문에 러시아 정부는 연주 금지령까지 내렸다. 이에 맞서면서 핀란디아는 이름 대신 '즉흥곡' 등 다른 이름으로 속여서 공연되기도 했다. 파리 만국박람회 때 세계 각국에서 모인 이들에게 독립의 의지를 음악으로 천명했던 것은 역사적 장면으로 기록되고 있다.

1904년 핀란드 국민이 일으킨 파업에 러시아 정부는 한 걸음 물러섰고, 곡도 해금되어 당당하게 연주할 수 있게 되었다. 지금은 핀란드 애국가 다음으로 많이 연주되는 곡이다. 1917년 열망하던 독립을 이루게 된다.

헬싱키 시내를 잠시 둘러보고 시벨리우스 공원으로 갈 예정이다. 시벨리우스 공원 입구에 들어서자 멀리서 보이는 파이프 조각이 시선을 가득 메웠다. 은빛 광택이 나는 600여 개 파이프 조각 앞에는 다국적 사람들이 몰려있었다. 가까이 다가서니 파이프에서 금방 음악이 나올 듯한 분위기에 압도된다. 카메라로 미리 풍광을 잡았다.

공원은 시벨리우스 사후 10주년을 기념하여 만들어졌다. 공원이 만들어졌을 때는 시벨리우스 공원에 시벨리우스가 없다고 헬싱키 시민들의 항의가 빗발쳤다. 오른쪽 한편에 흉상이 세워지기까지는 이런 사연이 있었다니…. 핀란드인들은 산타 마을과 호수와 함께 국민 음악가 시벨리우스를 자랑스럽게 생각하고 있었다. 공원에서는 다른 야외 연주회도 많이 열릴 장소로도, 시민들이 여가를 즐기기에도 제격이었다.

공원 아래쪽으로 조금 내려갔다. 탁 트인 핀란드만이 우리를 품어 안았다. 앞서 다녀간 지인의 이야기로는 핀란드만을 바라보며 마시는 커피 맛이 최고였다고 했는데, 다음 일정이 있어 서둘러야 했다.

느린 악상으로 다시 목관과 현악기들이 등장한다. 조용하게 울리는 찬송가 풍의 선율이다. 러시아 지배에서 벗어나 평화롭고 자유로운 미래를 그려내는 듯하다. 자작나무 숲이 끝없이 펼쳐지는 핀란드의 자연도 연상하게 한다. 평범하면서도 경건

한 분위기가 이어지다 강렬한 관현악으로 장엄하게 마침표를 찍는다.

 죽기 전에 꼭 들어야 할 클래식 100선. 시벨리우스의 '교향시 핀란디아 작품 26'이다. 휘몰아치는 바람이 내 몸을 포위하듯 감싸고 있다.

(2018)

경계의 꽃

　서양식 인사, 허그다. 내가 쓰고 온 양산을 받아 추슬러서 현관 입구에 걸었다. 나의 신발을 바르게 돌려놓는 이 남성은 버지니아 출신, J의 남편이다.
　나와 J와의 인연은 거의 사십 년이 다 되어 간다. 초임 발령을 받고 간 학교에서 근무했던 행정실 선생님이었다. 멀리서 온 나에게 새로운 환경에 적응하는 데 많은 도움을 주었다. 고향에 가지 못하는 나에게 집에서 만든 음식도 가져다주곤 했다. 근무하는 방에 들르면 정성들인 차도 대접해 주었다. 나는 일 년 만에 고향으로 돌아왔다.
　J 남편이 본국으로 발령이 났다. J와 손편지로 주고받는 사연들은 2주일이 멀다 하게 오고 갔다. 이메일이 없는 시절이었다. 국제우편으로 붙이면 일주일이면 도착한다. 바로 답장을

보내면 2주 만에 답장이 오가는 셈이다. 남녀 간의 연애편지도 아니고 지금 생각하면 서로에게 놀란다. 문장력이 좋고 소녀 감성을 지닌 J의 편지는 한 편의 시와 수필을 읽는 것 같았다.

 J의 친구 K가 있었다. 빌은 친구의 숙모가 운영하는 가게의 단골손님이었다. 숙모가 두 사람을 엮어주면 좋겠다는 생각에 다리를 놓았다. 친구 숙모의 설득에도 J는 선뜻 결혼 승낙을 하지 못했다. 빌은 J에게 영어를, J는 빌에게 한국어를 가르쳐 주는 것으로 끝났다. 일주일에 한 번 만나 공부하던 중에 영어로 된 쪽지 한 장을 받았다.

 "Can you buy love for money?"

 J는 당황한 마음을 숨길 수 없었다. 국제결혼이라는 것을 생각도 해 본 적이 없다. 빌이 한 수를 먼저 던졌으니 사랑을 쟁취하기 위한 작전이 시작되었다. 구애를 했는데 답이 없는 J의 마음을 어떻게 하면 돌려놓을지 고민이 깊어졌다. J의 친구 K는 결혼하여 미국에 살고 있었다. 빌이 미국으로 J의 친구를 찾아 나섰다. 한국 P시에 근무하고 있었기에 쉽지 않은 걸음이었다. 끈질긴 친구의 조언과 빌의 구애에 굴복하였다.

 국제결혼 후 내가 P시로 올라온 때는 신혼이었다. 큰딸이 태어나 미국으로 발령이 났다가 다시 한국으로 왔을 때는 1남 2녀의 아이 아빠가 되어 제주까지 왔었다. 이번이 세 번째 만남이다. 빌은 자신이 근무하는 곳을 보여주겠다고 했다. 주민등록증을 맡기고 심사를 받아야 들어갈 수 있었다. P시에 있는 공군기지다.

운동장과 골프장, 병원과 사택, 레스토랑과 카페, 편의점, 세탁소와 슈퍼마켓, 비자 발급업무와 은행, 유치원에서 대학까지 미국의 한 마을을 옮긴 것 같았다. 넓어서 걸어 다니지 않고 차를 타고 이동하였다. 세 아이가 유치원에서 고등학교까지 다닌 건물을 상세하게 설명해 주면서 추억에 잠긴 빌. 아이들은 고향 버지니아에 있는 대학에 진학하여 이제는 그곳에서 살고 있다. 몇 년 지나면 빌 가족 모두 한국을 떠나게 된다.

J의 가족이 오랜 세월 지내고 있는 곳은 타국이었다. J는 외국인 신분이어서 불편한 점은 다소 있었으나 큰 문제는 없었다고 한다. 친정 가족들과 지인들도 만날 수 있어서 약간의 어려움을 상쇄할 수 있었을까. 이제 얼마 지나 노년을 버지니아에서 보내야 하는 일이 걱정이라고 한다. 나는 든든한 후원자가 있는데, 근심 접으라고 했다.

'모든 경계에는 꽃이 핀다'라는 어느 시인이 말이 와 닿는다. 쉽지 않은 결혼생활을 한결같이 이어갈 수 있었던 것은 서로에 대한 믿음과 사랑이 있었기에 가능했을 것이리라.

저녁과 아침 식사는 미국 가정식으로 대접을 받았다. 시어머님께 배운 음식이라며 한 상 가득이다. 우리가 알고 있는 간단한 아침이 아니었다. 빌과는 세 번째 만남이지만 오래된 친구처럼 어색함이 없었다.

사랑은 얼마만큼의 돈을 주고 살 수 있는 것일까.　　(2020)

겨울을 부탁해

연탄 배달 봉사를 하는 화면에 눈이 멈춘다. 차가 갈 수 없는 높은 언덕 좁은 골목에 혼자 사는 어르신 집이다. 봉사자들 얼굴에 비지땀이 흐르고 있다. 표정은 밝다. 인간 띠를 만들어 손에 손을 건너서 삼백 장 넘게 채운다. 따스한 온기가 전해온다. 사람의 정이 그리운 사람들이다. 북에 두고 온 가족을 생각하며 차가운 겨울을 이겨내는 힘이 되고 있지 싶다.

한밤중이다. 어머니가 잠결에 손을 휘저으면서 누군가에게 말하고 있었다.
"연탄불이 꺼졌나 봐라."
"아침밥은 있느냐?"
섬망증세가 있는 어머니에게 종종 있는 일이었다. 무의식 상태에서 뱉은 말이겠다 싶어도 짠한 마음이 들어 옛일들을 더듬게 된다.

 연탄을 들여놓는 것이 겨울 준비 시작이다. 몇 십 장 정도로 하늬바람을 막기에는 턱없이 모자라는 숫자다. 여유가 있는 집에서는 일이백 장씩 부엌과 창고에 쌓아 두었다. 석탄이 나지 않는 제주는 물량이 달리면 돈이 있어도 사기가 힘들었다. 한 집에 다섯 내지 열 장씩 한정으로 팔기도 했다. 많이 들일 때는 수레나 차로 배달도 해 주지만, 수량이 적으면 직접 가서 가지고 와야만 했다.

 연탄 공장은 마을에서 조금 떨어진 곳에 있었다. 어머니 혼자 다니려면 여러 번 갔다 와야 할 것 같아 내가 지원군으로 나섰다. 어머니는 다섯 개 정도, 나는 두 개를 머리에 이고 왔다. 수건으로 똬리를 만들고 대야를 얹었다. 머리가 깨어질 정도로 아파 여러 번 쉬어야만 했다. 어머니가 내려주고 다시 올려주기를 반복해야 했다. 빠른 걸음을 걸을 수도 없고 허리를 꼿꼿이 펴고 천천히 걸어야 한다.

 어머니는 집에 계시지 않았다. 점심시간이 가까워져 오빠가 앞치마를 둘렀다. 배고픈 동생들에게 김치볶음밥을 만들어 주려고 준비 중이다. 찬밥에 송송 썬 신 김치를 섞고 찬장 깊숙이 숨겨두었던 버터를 찾아냈다. 형제들은 버터의 고소한 향미를 맡으며 연탄 화로에 둘러앉아 손을 쬐며 기다렸다. 다 된

볶음밥을 주걱으로 금을 그었다. 네 등분하여 각자 몫을 먹도록 했다. 여동생인 나에게 심부름을 시키지 않았던 가슴 따뜻한 오라버니였다. 형제들은 각자의 자리에서 생활하면서 한자리에 모인 지도 오래되었다. 반백년 시간이 흘렀지만, 팬에 눌어붙은 김치볶음밥을 추억하면 군침이 돌곤 한다.

젖은 연탄은 잘 타지도 않고 집게로 집다가 부서지기가 일쑤였다. 어찌 그리 불은 잘 꺼지는지…. 꺼진 불을 살리려면 숯도 준비해 두어야 했다. 잘 마르지 않은 연탄에서 나온 가스 중독으로 목숨을 다하는 일도 종종 일어나곤 했다.

마당으로 기어 나왔다. 딸린 건물에 세 들어 살던 아줌마가 나를 발견한 것은 다행이었다. 고등학생인 남동생과 자취를 하던 때의 일이다. 내 방에 가스가 스며들었다. 마침 동생은 건넛방에서 잠을 잤기 망정이지 큰 변을 당할 뻔했다.

우리가 살기 위해 마련한 집은 신식 건물이 아니었다. 부모님이 큰마음 먹고 자식들이 주인 눈칫밥 먹지 않게 마련한 집이었다. 놀란 가슴을 안고 어머니는 고향에서 한걸음에 달려와 부엌 수리를 맡겼다. 남은 겨울을 나기에 충분한 연탄도 들여주었다.

겨울에 온기가 되고 뜨끈한 끼니까지 채워주었던 귀중한 불씨, 연탄이 겨울날의 초상으로 다가온다.

좋아하는 계절이 겨울이라고 대답하기도 그렇다. 황량해지는 사회적 분위기가 쓸쓸하다. 한 끼 식사를 위해 발버둥치고 에너지 위기를 감당하지 못하는 환경에 처해있는 사람들이 곳곳에 있다. 사랑의 기부 온도가 좀처럼 오르지 않고 있다는 뉴스도 들린다. 겨울은 점점 얼어붙고 녹기에는 갈 길이 멀어 보인다. 공동선을 위한 관심과 연대가 필요한 때인 것 같다.

'착한 사마리아인'들에게 겨울을 부탁해본다.

(2022)

레터케니 사람들

거의 하루 만에 도착했다. '책 읽는 사람들의 모임(일명 책사모)'에서 꿈꾸던 문학기행이었다. 팀장님이 집중했던 '제임스 조이스'의 조국이다. 아직 한국여행사에서 기획 상품은 없었다. 하여 언어장벽을 넘어선 팀장님의 등에 업어 결단을 내렸다. 비행기표는 인터넷으로 6개월 전에 예매했다. 현지 여행사와 전자 우편으로 계약을 맺었다. 새해가 되면서 아일랜드 출신 작가들의 책을 읽고 토론하며 여름에 있을 문학기행의 분위기에 스며들기 시작했다.

그해 4월에는 아일랜드에서 제주에 오신 '파란 눈의 돼지 아빠, 맥그린치 신부님'이 선종한다. 아일랜드 출신이라는 정보에 나의 호기심을 자극했다. 여행하면서 신부님 고향 근처라도 보게 되지 않을까 해서다.

기행 일정이 반쯤 지나고 있다. 레터케니로 향하고 있다. 운전과 안내를 겸하는 현지인 제리는 자신이 최고 운전자이고 안내자라고 치켜세운다. 레터케니는 성당 마을이라고 소개하며 작은 마을에 성당이 18개가 넘는다고 했다. 성당은 가장 높은 언덕 위에서 마을을 내려다보고 있었다.

아일랜드에서 가장 높은 첨탑이 있다는 '세인트 으난 성당'으로 들어갔다. 대리석으로 된 벽은 켈트 조각과 아름다운 스테인드글라스로 장식되어 있었다. 영어로 된 성당 소개자료도 샀다. 주교좌성당으로 1905에 완성되었고, 뮌헨교회에서 모방한 고딕 형식이었다. 둘러보고 나오는데 입구에서 만난 어르신이 우리를 보고 중국인이냐고 물었다. 아뇨. 한국인, 그것도 제주아일랜드 왔다는 말에 입을 다물지 못하였다.

자신을 소개했다. 이름은 Pat Dawson이고 이 마을에서 가장 나이가 많은 98세, 자신의 증조할아버지가 이 아름다운 성당을 지을 때 작업감독으로 일했으니 자랑스럽다고 했다. 제주섬에서 왔다는 말에 자신의 삼촌이 1930년대에 제주에서 신부로 재직했다는 말씀을 들려주시면서 너무 반가워하셨다. 세렌디피티(serendipity: 우연히 발견한 행운)랄까. 어찌 이 먼 곳에서 일어나고 듣는 이야기가 현실인가 싶었다. 갑자기 이곳이 맥그린치 신부님의 고향이 아닐까 하는 생각이 들어 물었다. 모르겠다고 했다. 제주에 갔던 삼촌은 어디서 돌아가셨냐고 했더니 미국이라고 했다. 헤어지면서 Ra moer!(게일어) 하며 손을 흔든다. Have a nice day!와 같은 말이라고 덧붙였다. 우리를 위해 기도하겠다고 손을 모았다. 여행 후에 맥그린치 신부와 다우손 할아버지의 삼촌에 대한 자료를 찾아보리라 생각하였는데, 한동안 잊고 지냈다.

임피제 신부님 선종 이후, 1주년 추념 미사와 기념사업회에 대한 자료를 읽다가 레터케니가 고향인 것을 알게 되었을 때 벅찬 기쁨이란. 아일랜드를 기행할 때마다 안내자는 당신들이 한국에서 이곳을 처음 방문하는 행운아로 말하곤 하였다. 내가 갔던 그곳이 신부님의 고향이었다니…. 어쩌면 그 성당에서 세례를 받았을지도 모른다는 생각까지 미치게 되었다.

3·1운동 100주년 특집으로 제주교구 주보에 실린 내용에 눈이 번쩍 띄었다. 제주에서 항일운동하다 투옥되었던 도슨, 라이언, 스위니 신부님에 대한 이야기로 인해서다. 도슨과 스위니 신부님도 레터케니 출신이었다. 다우슨 패트릭 신부님은 여러 가지 정황으로 보아 내가 찾아보고 싶었던 분임에 틀림이 없었다. 그분의 약력에 '1934년 제주 보좌로 취임, 1989년 선종, 미국 오마하 묘지에 안장'이라고 적혀있었다. 이 신부님들은 곧잘 "바람과 돌이 많은 제주가 고향 아일랜드와 똑같다. 내가 죽으면 제주에 묻어 달라."고 부탁하곤 하였다고 한다. 골웨이라는 곳을 지날 때는 제주의 밭과 돌담과 거의 흡사한 풍

경이 펼쳐졌다. 다른 점이 있다면 풀밭에 양이 많다는 것일 뿐. 또 한 번의 놀라움은 도슨 신부님이 '레터케니, 도니골' 출신이었다. 우리도 이곳을 방문하였기에 도슨 신부님의 어린 시절과 겹쳐졌다.

아일랜드에서 1845~1857년까지 일어난 감자 기근은 역사를, 삶을 완전히 바꾸어 놓은 사건이다. 이런 것을 잊지 않기 위해 '도니골 감자 기근 마을'을 만들어 관광객과 자국민들에게 역사를 말하고 있었다.

기근으로 너무 힘든 삶을 이겨내기 위해 돌을 깨며 힘든 시간을 넘기기 위해 몰입하였다는 가이더의 설명이 오랜 시간 나의 뇌리에서 떠나지 않았다. 기근으로 죽고, 이민 가고, 이민 가던 중 배에서 사망한 아일랜드인들. 그 와중에 영국은 감자를 수출하면서 아일랜드인들을 더욱 힘들게 했다. 영국이라는 나라에 괜히 얄미운 감정이 솟구쳤다. 주식인 감자는 아일랜드에서 빼놓을 수 없는 식품이다. 현재를 사는 이들은 감자를 먹으면서 어떤 생각을 하고 있을까 궁금해진다.

북대서양의 섬나라에서 아시아, 그것도 작은 제주도로 오게 된 그들의 연유는 무엇이었을까. 맥그린치 신부님은 실로 어마어마한 일을 하셨다. 오직 하느님의 뜻만 믿으며, 하느님만을 의지하며 이겨냈을 것이리라.

당시 제주에 파견된 선교사들의 조국인 아일랜드는 제2차

세계대전 발발 이후부터 중립국을 유지하고 있었다. 그들의 내면에는 오랫동안 이어져 온 아일랜드의 독립정신이 살아 움직이고 있었다. 1921년 오랜 투쟁 끝에 영국으로부터 독립하여 자유국이 될 수 있었던 경험이 있었다. 한국도 언젠가는 독립할 것이라는 확신을 하고 있었을 것이다. 제주에서 청춘을, 일생을 바친 레터케니 신부님들은 빛과 소금이 되어 영원히 기억되리라.

　삶은 감자와 우유로 아침을 대신하고 있다. 음악방송에서 아일랜드 사람들이 애창곡 '대니 보이'가 장맛비와 어우러져 퍼진다.

(2020)

쉼표가 있는 자리

골목 안은 늘 한적하다. 집안에서도 들고 나는 미세한 소리까지 감지할 수 있다. 들리는 소리에 귀를 세워 대문을 연다. 테너 색소폰 선율이 하늘을 가르고 있었다. 골목 안에는 은퇴한 시니어들이 산다.

둘째 아이가 수능 시험을 치를 무렵, '빈 둥지 증후군'이 생길 수도 있다는 걱정이 앞섰다. 벗할 수 있는 악기들을 하나씩 떠올려 보았다. 아이들이 떠나자 피아노와 플루트는 주인을 잃은 지 오래되었고, 남편이 즐기던 하모니카와 기타도 한쪽에 밀려 있었다. 늦게 배운 대금연주에 푹 빠져 있었기에.

집에서 잠자고 있는 어떤 악기를 선택할까 고민이 깊었다. 맛만 보았던 피아노와 기타에 도전해 볼까 하는 생각도 들었다. 무릎을 쳤다. 언젠가 가슴을 흔들어 댔던 우리나라 악기.

아련하고 애잔하여 한국인 정서에 맞는….

　해금을 배울 수 있는 곳을 수소문하고 연습용 해금을 샀다. 해금은 〈깽깽이〉라고도 부른다. 중국을 통하여 고려 시대에 들어왔다. 중국의 〈얼후〉와 비슷하다. 작은 울림통에 세로로 대를 세우고 울림통과 대 사이에 두 개의 줄을 연결한다. 그 사이에 말총으로 만들어진 활대를 문질러서 소리 내는 악기이다. 악보는 정간보(井間譜)다. 세종대왕이 동양 최초로 음의 길이를 표시할 수 있도록 한 과학적인 악보. 초보자도 알기 쉽게 연주할 수 있게 되어있다.

　여느 악기처럼 배우기에 만만한 것이 아니었다. 나를 사로잡았던 음은 나오지 않고 불완전한 소리만 났다. 일주일에 한 번 가는 연습 시간을 기다렸다. 퇴근 후에 저녁을 급히 먹고 운전대를 잡았다. 활 쓰기와 자세도 자리 잡아가고, 쉬운 동요·가곡·유행가·민요 등에 흥미가 붙기 시작했다.

　쉬는 시간에는 차를 마시며 살아가는 소소한 이야기도 풀어냈다. 서툴렀지만 국악 단체에 가입하여 연주회도 몇 번 참가했다. 대금 공부하는 분들과 병원 로비에서 협연할 기회도 얻었다. 해금과 연을 맺은 지도 많은 시간이 흘렀다. 그 덕분인지 공허감도 오지 않았고, 무대에 서면서 자신감도 퐁퐁 솟아났다.

　장인이 만들었다는 해금을 새로 샀다. 나를 위한 은퇴 선물이다. 해금이 늘 놓여있는 자리는 거실이다. 양반다리로 앉아 허리를 꼿꼿이 세우고 왼쪽 무릎에 올려놓는다. 오래 앉기가 힘들어 의자로 옮겨 앉기도 한다. 아직도 제대로 음을 내기가 힘들다. 두 줄을 어느 위치에서 얼마만큼 누르거나 잡을지 늘 고민한다. 어떤 소리를 내어야 하나. 머리로는 알 것 같으나 제 음을 내기가 쉽지 않았다.

현과 활의 마찰에서 얻어지는 음들이 실타래를 풀듯이 자연스러우면 원하는 음이 나왔다. 세상 사는 이치도 그렇지 않았던가. 삶에 힘을 더하거나 빼는 순간을 찾기가 쉽지 않았다. 수행하는 마음이 필요했다. 활을 빼고 미는 오묘함으로, 나아갈 때와 물러설 때를 아는 것이 인생임을 깨닫곤 한다.

직장생활의 긴 터널을 빠져나와 쉼표를 찍었다. 요즘은 나의 의지대로 시간의 무늬를 짤 수 있으니 마음이 한결 가볍다. 해금을 켜는 시간도 조금씩 길어진다. 욕심을 내려놓고 현을 타다 보면 고유의 목소리를 들려주기도 한다.

쉼표가 있는 자리에 '소소하고도 확실한 행복'이 있음을 알 것 같다.

오늘도 나는 해금에게 말을 건다.

(2023)

인향동의 여름

 마을길로 들어섰다. 크고 높아 보였던 팽나무는 긴 시간 버티며 바람만 들이고 있었다. 마을 입구에 인향동(仁香洞)이 새겨진 바위와 정자만이 우리를 알은체한다. '어질고 향기 나는 동네'는 오지마을이다. 친정아버지가 태어나서 열두어 살 무렵까지 살았던 곳이다.

 성내로 나들이 오셨던 큰아버님을 졸랐다. 큰아버지 등에 업혀 올레로 들어갔다. 가슴에 전해오는 온기가 따습다. 걷지 못할 정도의 나이도, 처음부터 업힌 것도 아니었다. 큰아버님은 내가 걷기에 불편할까 생각한 방법이다. "하얗게 보이는 것은 물이야." 다행히 은은한 달빛이 밤길을 동행해 주었다.
 창문으로 해가 들어와 잠이 깼다. 모기장 안에 혼자 누워 있었다. 할머니는 아침을 차려놓고 동도 트기 전에 이미 밭에 나갔다. 아침은 까슬까슬한 꽁보리밥과 간장으로만 맛을 낸 밍밍한 감잣국이다. 즐겨 먹었던 김이나 멸치볶음, 달걀부침이 아니었다. 부엌에서 상도 없이 혼자 먹는 밥이 생경했다. 할머니는 땅거미가 지고 별이 떠도 돌아오지 않았다. 기다리다 지쳐서 아침에 먹었던 밥과 국으로 배를 채우고 모기장 안으로 들어가 잠이 들곤 하였다.

 늦은 아침을 먹고 육촌 언니 집으로 갔다. 다른 가족들은 없고 언니만 긴긴해를 혼자 보내고 있었다. 점심때가 되어 텃밭에 가서 고추를 따오라고 했다. 볕에 나와 있고 큰 것은 매우니까, 아래쪽에 달린 것을 따라고 일러 주었다. 고추는 보리밥에 유일한 반찬이었지만 강된장에 찍어 먹는 맛은 일품이었다. 맛있게 먹는 나를 보고는 점심시간이 되면 집으로 오라고 했다. 할머니 댁에 지내는 동안 점심으로 매일 고추를 먹었지만 질리지 않았다. 프루스트가 마들렌 과자를 회상하듯, 그 시절 먹었던 풋고추가 지나간 시간을 소환하며 미소를 띠게 한다.

 사촌 언니가 물을 길어 온다기에 따라나섰다. 한쪽에는 소가 먹는 물, 다른 한쪽은 사람들이 먹는 물이었다. 물을 길어 오고 싶다고 졸라 언니가 옆집에서 애기허벅을 빌려왔다. 걸음을 옮길 때마다 물이 출렁거리면서 윗옷이 거의 젖어 아래 옷까지 흘러내렸다. 물을 가득 채우면 무겁다고 반만 채운 것이 문제였다. 겨우 한 번 다녀온 것으로 끝나고 말았다. 물 길으러 가는 길에는 금방 눈 소똥이 널브러져 피해가야만 했다. "이게 얼마나 귀한 것인 줄 아니?" 말렸다가 겨울에 땔감으로 쓴다고 했다. 연탄이 아닌 소똥이 불을 붙일 수 있다니, 그때는 도저히 감이 잡히지 않았다.

올레로 나가도 아이들은 보이지 않았다. 삼거리 팽나무 아래에서 혼자 지내고 올 때가 많다. 사촌 남동생을 가끔 만날 수 있었지만, 딱히 놀거리도 없고 얼굴만 멀끔히 쳐다보다가 헤어졌다. 또래 여자아이들도 모두 부모 따라 밭에 나간 모양이었다.

방학이라 할머니 댁에 갔으나 할머니와 많은 시간은 보내지 못하였다. 하지만 도시에 살았던 내게 여름방학의 추억은 할머니가 그곳에 계셨기에 가능한 일이었다.

서른 살에 홀로 되신 할머니의 삶을 떠올려본 것은 이순이 넘었을 때였다. 할아버지는 비 오는 날 이웃 마을로 마실 다녀와서 몸살로 돌아가셨다. 친정아버지는 두 살이었고, 아홉 살 위인 유일한 형이 있었다. 밭일과 삯바느질로 어린 자녀를 건사해야 했다. 큰아버지는 한학으로 배움을 멈추었으나, 아버지는 고향에서 최초로 학사모를 쓴 자랑스러운 아들이었다. 아버지는 중·고등학교를 시내에서 다녔다. 할머니는 보리쌀과 간장과 된장을 짊어지고 종일 걸어 오가면서 작은아들을 보듬었다. 구순 지나 두 해 넘기고 삼 일간 병원에 계시다가 떠나셨다.

폐교된 무릉동 초등학교에서 시작하는 '거꾸로 걷는 올레길'을 걸은 적이 있다. 시작점에서 십여 분 정도 걸으면 선산으로 들어가는 아스팔트길이 나왔다. 삼거리를 지나면 큰아버님 등에 업혀 갔던 올레길로 접어들었다. 예전에 유일한 동네 가게는 문이 굳게 닫혀있었다. 허벅지고 물 길으러 갔던 곳은 '구남물'로 잘 정비되어 있었다. 쉼터에 앉아 어린 시절 시계를 거꾸로 돌려본 지도 십여 년이 넘어가고 있다. 이제 산간마을은 제주올레 11코스의 한 구간이 되어 올레꾼을 맞이하고 있다.

요즈음엔 동네 어르신들이 인향동(仁香洞)을 인향동(人香洞)으로 소개하기도 한다. 향기로운 꽃내음은 바람에 실려 백리(百里)까지 퍼져나간다. 사람의 향기는 더 멀리 만리(萬里)까지 간다고 했다. 할머니와 큰아버지, 아버지는 이승 떠난 지 오래되었다.

남풍 타고 훈훈한 사람의 향기가 밀려오는 듯하다.

(2021)

넷째마당

부활절 즈음에

정각과 40분 언저리에
시계
부활절 즈음에
양지원(養志園)을 찾아서
브레드 섬
역할 놀이
상애떡
빈센트
멈춘 듯 움직이는 듯

음악방송은 모든 것이 시가 되고 그림이 됩니다. 문학이 되고 영화가 됩니다. 인생이 됩니다. 돈 한 푼 들이지 않고 얻은 게 너무 많습니다. 누군가가 나에게 무임승차 할 거리가 있는지도 살펴볼 일입니다. 미처 발견하지 못한 작은 보석이라도 캐어 키워보아야겠습니다.

-「정각과 40분 언저리에」중에서

정각과 40분 언저리에

　축복이 따로 없습니다. 종일 집에 머물 수 있는 날이지요. 물 화장수 하나로 얼굴을 단장하여 선이 없는 헐렁한 원피스 입고 뒹굴뒹굴합니다. 아침 7시 즈음에 음악방송 앱을 누릅니다.
　오전 9시가 가까워지면 하던 일을 멈추고 귀를 모으고 라디오 볼륨도 높입니다. 한 편의 시가 진행자인 명배우의 숨결로 빛을 발하지요. 제목을 노트에 적어두고 모닝커피를 한 모금 마시며 여유를 부려 봅니다. 날씨와 계절, 우리들의 일상을 넘어 사회적 현상이나 역사적 사건과 관련된 시들입니다. 한 권의 시집을 읽은 후의 감동 이상입니다. 낭독 후에 선곡된 음악들은 시 내용과 어우러져 집안 가득 퍼져나갑니다.
　음악을 듣다가 조금 지루해질 40분 언저리에도 마음을 사로잡습니다. 세계사를 뒤흔들었던, 아직도 살아있는 전설들의 이야기가 쏟아져 나옵니다. 전시회를 다녀온 듯한 황홀함이 오래 남습니다. 한 사람의 인생을 대신 살아본 것처럼 느껴지는 순간, 나는 어떻게 살아왔고 살아가고 있는지 잠들었던 영혼을 깨워주는 시간이기도 합니다. 메모장을 다시 듭니다. 그날의 일기 제목으로, 수필 소재로, 미처 살을 붙이지 못해 저장해 둔 글들에 옷을 입힐 기회입니다. 매시간 40분 언저리에는 가볍지도 무겁지도 않은 몇 마디의 말 또한 백미입니다.

  오후 6시는 놓칠 수 없는 정각입니다. 시그널 음악이 잠시 흐르고 진행자인 팝페라 가수의 목소리가 불타는 석양에 말을 걸어오는 것 같습니다. 어쩌다 시작을 놓치는 날은 소중한 물건을 잃어버린 듯한 허탈감에 빠지기도 합니다.

  오래전의 일입니다. 퇴근하여 집에 도착하면 거의 6시가 되었지요. 엘리베이터가 내려오는 시간이 그렇게 길게 느껴진 적이 없었습니다. 배경음악을 놓칠세라 가방을 내 던지고 오디오 전원을 눌렀습니다. 이미 정각이 지나고 첫 음악이 흘러나올 때도 있습니다. "오늘도 수고 많았습니다."라고 건네는 말은 파김치가 된 나를 안아 주었답니다.

  바삐 돌아가는 한 주의 마지막, 불타는 금요일입니다. 장맛비가 내리고 있으니 비와 관련된 시청자 이야기로 채워지고 있습니다. 손전화기에 깐 앱 덕분에 방송이 잘 잡히지 않은 곳이어도 질 좋은 음악을 들을 수 있습니다. 국내는 물론 해외에서도 소식을 전하는 이들도 있습니다. 집안에서 공간 이동을 하게 되어도 손전화기만 들고 가면 됩니다.

얼마 전부터 색다른 코너가 생겼습니다. 영화와 시, 소설과 수상 소감 등 다양한 장르에서 뽑아낸 문장의 풍경들이 마음을 흔들어 댑니다. 꼬리에 꼬리를 물어 인터넷을 서핑합니다. 궁금한 책도 주문하고 독서 목록에 끼워넣기도 합니다. 한 사람의 삶을 찾아보기도 합니다. 소개된 음악과 그림, 시와 영화도 검색해 봅니다.

오후 8시 정각에는 콘서트 현장으로 데려다주지요. 떠오르는 별들과 세계적인 거장들의 내한 공연을 감상할 수 있는 시간입니다. 물리적으로 쉬이 갈 수 없고, 볼 수도 없는 세계 여러 나라의 음악제로 기꺼이 초대합니다. 지휘자의 손끝에서 만들어지는 음악의 향연에 빠지게 됩니다. 콘서트 전과 후에는 전문가의 해설이 덧입히고, 청중들의 박수 소리가 터져 나옵니다. 잠시 내가 콘서트 현장의 A석에 앉아 있는 상상을 해봅니다. 혼자서 앙코르 박수를 보내기도 합니다. 무대에 선 사람들은 박수 소리를 잊지 못해 다시 설 무대를 준비한다지요.

음악방송은 모든 것이 시가 되고 그림이 됩니다. 문학이 되고 영화가 됩니다. 인생이 됩니다. 돈 한 푼 들이지 않고 얻은 게 너무 많았습니다. 누군가가 나에게 무임승차 할 거리가 있는지도 살펴볼 일입니다. 미처 발견하지 못한 작은 보석이라도 캐어 키워보아야겠습니다.

  음악과 도닥도닥 함께 걷는 길. 편안한 물속을 유영하며 자신과 마주할 수 있었던 은총이 시간이었습니다. 남아있는 내 생의 좌표를 다시 그려 봅니다.

(2022)

시계

 후덥지근하고 눅눅한 바람이 불고 있다. 가볍고 시원한 옷조차 부담스러운 날씨다. 의식처럼 외출 준비의 마무리는 시계를 차는 일이다. 네모난 틀에 전체적인 색조는 황금빛, 시곗줄에는 상호인 영어 대문자가 유유히 노닐고 있다. 손목이 묵직하다. 예약 시간보다 일찍 서두르고 있다.

 입학식을 며칠 앞둔 날, 어머니가 나의 손목에 시계를 채워 주었다.

 "미안하구나."

 '시티즌' 중고 시계를 삼천오백 원에 사 왔다. 어머니는 입학

금에 버금가는 선물을 언제부터 궁리하고 있었을까. 선물할 날을 기다리며 한두 푼씩 고쟁이 안쪽에 쌓여 놓았으리라. 새 시계는 오천 원 정도였으니 차선으로 중고를 살 수밖에 없었다고 했다. 진학하지 못했던 반 친구들도 있었다는 건 오랜 시간이 흐른 뒤에야 알았다.

 어머니의 삶의 시계는 빈틈이 없었다. 자녀 생일이나 시험 볼 날짜, 학교행사 등을 훤히 꿰뚫고 있었다. 그에 걸맞은 음식도 만들었다. 생일에는 잡채를, 소풍날은 김밥을, 졸업식에는 만두를 맛나게 먹을 수 있었다. 소풍 때는 선생님 간식도 챙겨주셨다. 졸업식 날은 담임선생님과 친구까지 초대하여 왕만두국을 만들어 주었던 기억이 새록새록 떠오른다.

 어머니의 시계가 오작동하기 시작했다. 혼자 걷기가 힘들어 물건이나 손잡이에 의지해야 겨우 화장실에 다녀올 수 있었다. 약도 잘 챙겨 드시지 못했다. 목욕하는 것도 뜸해졌다. 누워계시는 때가 많고 기억도 조금씩 희미해가는 것도 보였다. 즐겨 읽었던 책도 주인을 잃은 채 방구석에 나뒹굴었다. 하여 어머니의 삶이 내 생활 속에 들어와 앉았다.

 주간 보호센터에서 어르신들과 잘 어울렸다. 프로그램에 잘 적응하며 감사의 인사도 잘한다고 전해 들었다. 점점 걷기가 힘들고 서 있기조차 힘에 부쳤다. 집안에서도 이동이 어려워 꾀를 낸 것이 의자 릴레이다. 의자에 앉고 손잡이나 사람에 의지하여 두 발자국 정도 걸어 다시 의자에 앉는다. 집에 있는 모든 의자가 출동했다. 열댓 개의 의자에 몸을 맡겼다. 의자는 어머니의 분신이고 지탱해주는 닻이다. 이만해도 행복이다 싶었다.

아침을 먹지도 않았는데 돌봄센터에 갈 준비해야 하느냐, 저녁을 주지도 않고 이부자리를 편다고 외쳐대는 일이 잦아졌다. 어떤 날은 한밤중에 열 차례 이상이나 잤다 깨었다 반복하며 나를 서서히 지치게 했다. 나의 이불을 세게 젖혔다. 눈에는 강한 힘이 들어가 있고 목소리는 높고 날카로웠다. 이상 행동을 저지하려고 온 힘으로 어머니 손을 잡았다. 버티는 힘이 대단했다. 어디서 그런 힘이 나오는지 감당하기 힘들었다. 한 시간 넘게 실랑이가 벌어졌다.

날이 밝아오자 정신이 조금씩 돌아오기 시작했다. 내가 몸을 추스르기가 힘들었다. 이런 일이 다시 일어나면 어쩌나 하는 두려움이 밀려왔다. 인지 장애가 있는 사람들은 땅거미가 지면서 심해진다. 어머니는 잠결에 누군가와 이야기하고, 밤중에 일어나 무엇을 찾거나 물건을 더듬기도 했다. 착오 망상이다.

의사는 그 상황을 억지로 벗어나게 하기는 힘들다고 했다. 좋아하는 음악을 들려주는 등 분위기를 바꾸라고 조언해 주었다. 초기 치매에서 중기로 넘어가는 증상이다.

옷 단장을 시키고 어머니를 부축하여 차에 태웠다.

"어디 가려고?"
"병원에요."
"으응"

도착하는 동안 어떠한 말을 묻지도, 하지도 않았다. 나는 하얀 거짓말을 하고 말았다. 절차가 빠르게 진행되었다. 가족들은 역할 분담 하느라 어머니와 눈을 맞출 여유 없이 상황은 끝나버렸다.

시계와 한 몸이 되어 현관문을 나선다. 요즘 어머니의 시계는 어떻게 돌아가고 있는지. 비행운(飛行雲)을 바라보며 달뜬 마음을 가라앉힌다.
이미 내 마음은 그곳으로 달려가고 있다.

(2022)

부활절 즈음에

'끼익~' 바퀴 멈추는 소리가 들린다. 이제 오려나 저제 오려나 기다리던 참이다. 새로 마련한 빨간 우체통에 여러 통의 우편물이 보인다. 봉투를 재빨리 뜯어본다.

의과대학을 다니는 아들을 둔 어머니가 방송에 나왔다. 의학 공부를 하는 아들의 어려움을 알고 나서 시신기증을 하기로 마음먹었다고 한다. 방송을 보고 시신이나 장기기증에 관한 관심을 두게 된 것은 아주 오래전의 일이다.

즐겨보는 프로그램에서 장기기증에 관한 토론이 이어지고 있다. 지금도 수혜자들은 줄을 서고 있다. 오늘도 기증을 받지 못하여 꺼져가는 생명이 많다는 이야기에 마음이 숙연해진다.

2년 전부터 기증이 줄어든 이유가 있었다. 기증 후에 시신을 처리하는 과정에서 유족들의 마음을 섭섭하게 했다는 보도가 나온 것이다. 인체조직은 기증자의 수가 턱없이 부족하여 80%를 수입에 의존하고 있었다. 각막기증에 관심은 갔다.

 방송 후에 장기기증본부로 연락하여 궁금한 것에 대하여 조심스레 물었다. 사후, 각막을 끄집어낸 다음 삼일장을 치를 수 있도록 장례식장까지 시신을 인도한다고 했다.

 우편물에는 자세한 장기기증 안내와 기증서가 들어 있다. 사후 각막기증, 뇌사 시 장기기증, 인체조직기증, 생존 시 신장기증 등에 표시하게 되어있었다. 펜을 든 손이 미세하게 떨린다. 선택의 갈림길에 섰다.

 각막기증은 각막이 손상되어 시력을 잃은 환자에게 이식하여 시력을 회복시켜 주는 일로 반드시 사후에만 가능한 것이다. 사망 후 6시간 이내에 유족의 연락을 받아 각막을 끄집어낸다. 만약에 기증서에 서약했더라도 유족이 반대하면 없었던 일이 된다. 생후 6개월에서 85세 이하로 간염, 에이즈 등 전염성 질환만 없다면 근시·원시·난시·색맹과 관계없이 누구나 기증할 수 있다. 앞으로 20여 년만 살 수 있다면 기증할 수 있으리라. 한 줌의 재로 남을 육신이나, 나의 몸을 소중히 다루고 건강을 지켜야 하는 이유도 생겼다.

 나의 눈은 해질 때의 노을과 천진난만한 아이들의 얼굴과 여인의 눈동자 안에 감추어진 사랑을 한 번도 본 일이 없는 사람들에 게 나누어 주십시오.

로버트 테스트의 시구를 떠올리며, 주님 수난 성금요일에 우체국으로 향하는 발걸음이 빨라지고 있다. 모든 기증에 체크를 하지 못함이 나의 한계인지도 모르겠다. 뇌사 시 장기기증을 하면 아홉 명에게 새로운 생명을 줄 수 있다. 생존 시 신장 기증은 복잡한 절차에 선뜻 선택할 수 없었다. '만 20세에서 65세 이하의 건강한 남녀'가 기증조건이다. 몇 해 남지 않은 65세도 걸림돌이었다. 인체조직 기능은 뇌사 또는 사망 후 처리 시간이 길어져 자녀들에게 짐이 될까 동의하지 못했다.

사실 몇 개월 전에도 조혈모세포 기증을 하고 싶었는데 나이 제한에 걸려 못한 것에 대한 상실감이 컸다. 어린이 백혈병 환자에게 새 생명을 주고 싶었다. 젊고 건강해야 기증이 가능한 것이었다. 젊은이들이 장기기증 운동에 관심을 가졌으면 좋겠다는 생각이 든다.

일주일 정도 이어지는 부활축제에 적극적으로 참석하지 못함이 아쉽다. 오후부터 밤까지는 시간을 내기가 힘든 상황이다. 그나마 부활 성야 미사에는 참석할 수 있게 되어 일찍 집을 나섰지만, 성전에는 이미 빈자리 찾기가 힘들 정도였다. 신부님 강론은 우리에게 부활의 의미가 무엇인가를 묻고 있었다. 자신이 기쁘게 사는 것과 타인에게 기쁨을 주는 것이 신부님의 생각하는 부활이라고 덧붙였다.

　부활절 아침이다. 사순절 동안 어두웠던 마음을 추슬러본다. 환한 노란색 블라우스와 카키색 투피스를 입고 성당으로 가는 걸음이 가볍다. 교구장님의 사목 서한이 강론을 대신한다. 부활의 기쁨을 교우들에게 전하는 글이다. 잠시 묵상 시간에 며칠 전에 나눔을 실천할 수 있었던 나를 돌아본다. 환한 미소와 다정한 목소리를 가졌던 김수환 추기경님의 모습도 스쳐갔다.

　3주 만에 장기기증 등록증이 도착했다. 장기기증 스티커는 신분증에 부착하고, 등록증은 신분증과 함께 항상 가지고 다니라는 안내 문구가 적혀있었다. 가족들에게 기증 사실을 알리는 일만 남아있다.

　'세상에서 가장 아름다운 약속, Save 9'이 새겨진 등록증이 지갑 한쪽에 터를 잡은 날이다. 천상에서 "너는 나를 사랑하느냐?"고 묻는 그분의 목소리가 들리는 듯했다.

(2019)

양지원(養志園)을 찾아서

봄은 왔으나 봄이 아니다. 춘삼월에 두 분의 가족 기일이 있어 봄이 예전 같지 않다. 올해는 3·1운동 100주년이다. 항일 투사들의 거룩한 죽음들이 더욱 조명되고 있다. 4월이다. 4·3으로 힘겹게 살아온 수형인들과 세월호에 탔던 아이들 모습이 더욱 눈에 밟힌다. 다시 이어지는 5월과 6월, 광주 시민항쟁과 한국 현대사에서 잊을 수 없는 전쟁의 상흔으로 가라앉는 기분을 애써 추슬러본다.

큰아이가 초등학교 때 만든 국기함은 버릴 수 없는 물건이다. 국경일이면 어김없이 태극기를 달았던 친정아버님을 생각하면서, 자연스럽게 국경일이 오면 태극기를 꺼낸다. 비가 와도 달고 싶다. 현충일, 조기를 다는 날이다. 친정아버님은 어떤 심정이었을까. 38명의 친구와 선배와 후배를 잃었던 전장의 비극을 해마다 떠올리며 태극기를 가슴에 품고 살았다.

마음속에 숙제를 끝내고 싶었다. 7월이 가기 전에 양지원을 찾았다. 방학이라서 그런지 교문에 들어서도 학생들은 보이지 않았다. 발길 따라 옮기니 양지원을 쉽게 찾을 수 있었다. 중부 전선 도솔산 지구 전투에 참여하여 산화하신 (고)김문성 중위의 흉상이 나를 맞아 주었다.

양지원(養志園)은 제주고에 있는 추모공원이다. 6·25전쟁 당시 제주고의 전신인 제주농업학교 학생 145명은 17~19세의 나이에 학도병으로 참전하여 잇따른 승전보를 올렸으나 38명이 전사한다. 학생 신분으로 전쟁에 참전한 고(故) 김문성 중위 등 제주고등학교 출신 호국 영령 38위의 넋을 기리기 위한 공원이다. 김문성 중위는 올해 6월 '6·25전쟁 영웅'으로 선정되었다.

양지원을 세우기까지의 역사적인 사실들이 넓고 큰 화강암에 앞뒤로 새겨져 있었다. 친정아버님이 학도병으로 참전하였는데, 수훈자 명단에는 없었다. 양지원을 찾은 이유는 이름이 새겨졌나를 확인하기 위함이 아니라 내가 아버님에게 들었던 사실을 좀 더 상세하게 알고 싶어서였다.

아버님은 초등학교를 졸업하고 서울기계중에 입학한다. 해방이 되어(중2) 제주에 내려왔다가 다시 올라가지 못하여 읍내 중학교에 다니게 되던 해에 4·3이 발발한다. 교사가 사건과 관련이 있어서 학급 대표를 맡은 아버님을 지서에서 소환한다고 경찰관이 찾아왔다. 이상한 낌새를 알아차린 할머니의 기지로 학교에서 돌아오자마자 제주시 외삼촌 댁에 피신시켜 죽음을 면할 수 있었다. 제주시에서 학교에 다니게 되어 농업중학교에 편입되었다.

농업학교 5학년, 지금으로 치면 고등학교 2학년 때 학도병으로 지원하여 전장으로 뛰어들었다. 제주에서 훈련을 받고 금화지구, 고성전투에 참전한다.

아버님이 살아 있을 때 나에게 말씀하셨던 것을 기억해 낼 수가 없었다. 상세하게 기록을 하지 못한 것을 이제 와 탓하면 무엇하랴. 내가 일기를 쓰고 있었을 건데. 무슨 생각이 들었는지, 몇 년 전에 일기장 15권을 모두 없애 버렸다. 4년 전의 일기장부터만 가지고 있다. 지나간 나를 지우고 싶었던 충동이 일었을까. 후회막심이다. 일기장이 있었다면 아버님에게서 들은 이야기들이 분명히 있었을 테니 말이다.

친정집 문패의 이름은 바뀌었으나, '참전용사의 집' 스티커는 유효하다. 내가 직장을 다닐 때 아이들을 친정 부모님에 맡겼다. 늘 제집처럼 드나들던 아이들은 할아버지가 자랑스럽다고 했다. 국경일에는 동이 트자마자 잠옷 바람에 국기를 달았던 아버지 모습이 생각난다. 얼마 되지 않는 금액이지만 참전용사로 등록이 되어 용돈도 매달 지급이 되었다. 어느 해부터 인상

된다고 좋아하셨다. 평상시에 전우들과의 만남을 자랑스럽게 생각하였고, 행사가 있을 때는 빠짐없이 참가했다.

70세 중반에 갑작스럽게 찾아온 병마를 잘 이겨냈으나, 다시 다른 병이 생겨 생을 마감할 즈음에 나에게 부탁의 말을 했다. 운명하면 바로 참전용사 모임에 연락하여 태극기를 나의 관에 덮어줄 것이며, 전우들이 조문을 올 것이라고…. 아버지가 돌아가신 후에 유품을 정리하다가 다섯 점은 제주교육박물관에 기증하고, 세 개는 가지고 있다. 주민등록증과 국난극복기 장 그리고 화랑 무공훈장증이다. 수훈자 명단에서 왜 빠졌을까.

양지원에서 아버님 이름이 새겨진 문구를 찾았다. 연 41회 ○○○. 학도병 참가자 명단이 아니었다. 제주이재(罹災)고학생 구제회에서 혜택을 받았다는 사실을 알게 되었다. 아버님과 여러 명이 장학혜택을 받았다고 새겨져 있었다.

양지원 근처에 있는 동문회관은 문이 닫혀있었다. 행정실로 가서 자료를 얻을 수 있느냐고 문의했다. 양지원 설립추진위원회 간사를 맡았던 동문회원 연락처를 알려 주었다. 몇 시간 후에 연락이 닿았다. 나에게 궁금증을 몇 가지 물었다. 당신들도 부족한 자료가 많아 오히려 도움이 되는 일이 있으면 받겠노라고 했다. 화랑 무공훈장증이 있다니 보내 달라고 했다. 보훈청에 연락하면 정보를 얻을 수 있다고 했다. 보훈청 관계자와 긴 통화를 끝냈다. 새로 만들어질 제주국립호국원에 안장될 자격을 갖추었다니 벅

찬 감정을 누를 수 없었다.

살아생전에 도립추모공원에 모시고 싶다는 이야기를 했다가, 크게 역정을 낸 적이 있다. 아버님은 돌아간 친척들이 계신 선산에서, 죽어서도 같이 지내고 싶다고 하셨다. 시대가 변하고 있어서 관리 문제가 있을 수 있다고 설득을 해도, 먼 후손이라도 조상을 저버리는 일은 없다고 완강히 버티셨던 분이다.

아버지는 충혼 묘지에 안장될 자격이 있는지 알고 계셨음에도 선산으로 가고 싶어 했는지는 알 길이 없다. 일이 잘 풀려 제주 호국원에 모실 수 있다면 그보다 더한 영광이 어디 있겠는가.

다시 한 번 태극기를 마음에 품을 수 있는 좋은 소식이 오기를 기대해 본다.

(2019)

브레드 섬

노 젓는 사공이 배에 오르는 나의 손을 잡아주었다
십여 분 저었는데 사공 얼굴이 땀범벅이다
전통 나룻배 플래티나다
스물세 척 친환경 배가 육지와 섬을 쉬지 않고 오가고 있었다

알프스의 진주
슬로베니아 브레드 섬이다
망치질 소리가 발걸음을 재촉한다
3대째 이어오는 대장간
작품들을 둘러보고 있는데 젊은 주인장이 나타났다
K언니가 아기 예수를 안은 성모마리아 청동상에서 눈을 떼
지 못했다

"사고 싶으세요?"
"얼마인지 물어보아 줄래?"

예상했던 가격보다 너무 높아 흠칫 놀랐다
가격흥정에 들어갔다. 단칼에 깎아 줄 수 없다고 한다
전통 있는 수제품이니 비싼 것이 아니라고…
언니는 성모마리아상에 기도 손을 모았다
기념품 가게에서 점원이 선물한 브레드섬 사계(四季)엽서로
허전한 마음을 대신했다

성당으로 올라가려면 아흔아홉 개 계단을 올라가야 한다
신랑이 신부를 안고 쉬지도 않고 말을 하지 말아야
행복하게 살 수 있다니…
끙끙대는 풍경을 상상해본다

그곳에도 계단이 있었다
곶자왈 우거진 금산공원에서의 그해 3월이 겹쳐진다
하얀 웨딩드레스 입은 신부가 설핏하게 비친다

우리는 어떻게 살아왔지?
성벽에 기대 만년설 바라보며 영원한 사랑을 꿈꾼다.

(2021)

역할 놀이

　손녀의 혼잣말이 들린다. '엄마, 언제 오나~' 삼십 분 전에 출근한 엄마를 벌써 기다리는 중이다. '엄마와 노는 것이 재미있는데~' 계속 이어진다. 창가에 힘없이 앉아있는 어린 눈망울에 설핏 눈물이 비치는 듯하다.
　다섯 살이 거의 저물 무렵까지, 껌딱지처럼 지내던 엄마가 한 달 전부터 일하게 되었다. 머리로는 이해가 되어 출근하는 엄마와 긴 인사를 나누어도 가슴으로는 헤어지기가 어려웠던지. 유치원에 나갈 때는 그곳 생활에 묻혀서 잊고 지냈다. 연말에 방학이 되어 종일 집에 있게 되었다.
　방학을 하면 내가 며칠 도와준다고 미리 표를 끊었다. 딸은 하루 일정표를 꼼꼼히 짜서 내게 알려주었다. 딸네 살림에 익숙하지 않은 것에 대비하여 각종 기기 쓰는 법을 냉장고에 붙여 놓았다. 손녀가 이럴 때는 저렇게 하면 된다고, 점심과 간식과 저녁 식단까지, 워킹맘의 생활이 시작되었다.

어린이 프로그램 보는 시간이 길어지고 있다. 엄마와 아빠와 약속된 시간을 어기고 더 보겠다고 떼를 쓴다. 그만 보라면 울어 버릴 것 같은 표정으로 나를 쳐다본다. 어쩌겠는가. 간식을 먹지 않겠다 했다. 웬걸, 안방에 숨어서 달콤한 사탕을 원 없이 먹는다. 점심시간이 되었다. 입을 꼭 다물어 싫다는 의사를 비쳤다. 반찬만이라도 먹으라니 조금 먹는 척한다. 내가 다시 물러섰다. 나의 역할은 팔 할도 하지 못하고 있었다. 바깥 날씨는 얼어붙었다. 긴 시간을 어찌 보낼까 궁리하다가 역할 놀이를 하자니 좋다고 한다.

인형과 동물들이 총출동이다. 병원 놀이가 시작되었다. 때론 사람도 동물처럼, 동물도 사람처럼, 역할이 무궁무진했다. 동물이나 인형은 엄마와 아빠, 할머니와 할아버지, 사촌 언니와 오빠, 유치원 친구들과 의사 선생님, 병원에 입원 중인 나의 어머니까지 소환한다. 다음에 서울에 올 때는 오기 싫다고 해도 모셔서 오란다.

역할 놀이에 나는 권한이 없다. 손녀가 정해주는 역할과 대사에 순종할 따름이다. 경찰과 귀신 놀이가 이어진다. 불을 끈 안방 침대에 숨었다가 도망갔다가 잡혔다가 이불을 뒤집어썼다. 나는 나쁜 도둑이고 손녀는 의로운 경찰이다. 역할 놀이도 이제 싫증이 났다.

  만지지 않았던 장난감을 꺼내 달란다. 혼자서 묻고 답하는 역할 놀이를 하고 싶었던 모양이다. 손녀가 극작가이고 감독이며 주연이 되었다가 조연이 된다. 1인 다역을 하는데 막힘이 없다. 손녀가 하는 놀이를 지켜보면서 차 한 잔 마시고 있다. 일하면서 여러 가지 역할을 해야 했던 먼 과거를 소환한다. 젊음이 있어 가능했던가. 지금 생각하면 어찌 헤쳐 나갔는지 나에게 작은 칭찬을 건네고 싶다.

  낮잠도 자지 않았다. 높이 올려 두었던 블록을 꺼내 달란다. 거실은 거대한 놀이터로 변했다. 나는 정리할 생각만 머리에 가득한데, 손녀는 치우지 말라고 한다. 거실에 널브러진 수많은 장난감을 가지고 다시 역할 놀이하고 싶은 게다. 블록으로 성도 쌓고 긴 기차도 만들고 사람을 태워 먼 곳으로 떠날 채비를 하고 있다.

  해가 기울어지고 있다. 손녀가 창가 의자에 앉았다. 밖이 깜깜해지는데 아빠와 엄마가 어찌 올 것이 걱정이란다. '그래, 너의 부모도 제 역할 하느라 애쓰고 있다.' 내뱉지 못한 말을 안으로 삭이고 만다.

  현관 키 누르는 소리에 손녀의 발이 바닥을 진동한다.

(2023)

상애떡

　마당 한쪽에 창고 집 하나 생겼다. 떡하니 자리 잡은 무쇠솥이 별을 딴 장군처럼 으스대고 있다. 창고 안에는 마늘과 양파 등 계절 나기 식품들도 걸려 있다. 큰 양푼과 채반, 나무 찜기와 토막난 나무는 병사처럼 늘어서 있다. 언제든 장군이 부르면 출동할 자세다.
　비가 오나 바람이 부나 빵을 찔 수 있는 공간이 절실했다. 시어머님의 자존감이 충만한 창고 부엌은 제사가 가까워지면 사람들 온기로 가득 찼다. 제사 무렵이면 시어머니는 마음이 분주해졌다. 친정집에는 큰 제사와 명절이 없었으니, 일을 치르는 것이 얼마나 힘든지 모르고 자랐다. 결혼하여 제사와 명절에 조금씩 익숙할 무렵, 시어머님의 프로젝트인 전천후 빵 공장이 세워진 것이다.

상애떡은 상웨빵, 막걸리빵, 술빵 등 여러 가지로 알려져있다. 시댁에서는 막걸리빵으로 부르고 있었다. 화산섬으로 이루어진 제주는 벼농사를 짓기 어려워 쌀이 귀했다. 쌀보다는 흔한 보릿가루나 밀가루에 막걸리로 발효하여 만든 빵이다. 상애떡은 고려시대에 제주를 지배했던 몽골인들이 탐라목장을 운영하면서 가지고 다녔던 음식이 전래된 것으로 추정한다. 고려가요「쌍화점」에 상화(霜花)에서 유래되었다는 설도 있다.

시어머님은 제사 전날 장을 보시고는 일찍 잠자리에 들었다. 전날 반죽한 밀가루가 다음 날 새벽에 적당하게 부풀었다. 밀가루 한 포대 반을 반죽했으니 혼자서 빚기에는 버거웠다. 동트기 전에 빵을 완성해야 다른 음식 준비를 할 수 있었기에, 동네에 사는 여자 삼촌이 새벽에 오셔서 빵을 빚고 뒷정리까지 도와주었다. 성품만큼 손도 넉넉하여 곳곳에 나누어 먹을 생각으로 모든 음식의 양이 많았다.

일을 조금 일찍 끝내고 시댁에 도착하는 시간은 아무리 서둘러도 늦은 오후가 되었다. 모든 제사 음식들이 준비되었고 막걸리빵은 차롱에 자리 잡고 사람들을 맞이할 준비를 하고 있었다. 제주의 제사 문화는 친척뿐만 아니라 동네 어르신들과 지인들까지 와서 잔칫집 분위기다. 일하는 여성들은 힘이 들겠으나, 시어머님은 오는 분들을 맞이하며 얼굴이 더욱 환해지곤 했다.

오름만큼 높았던 빵이 쑥 내려갔다. 제사를 지내기 전 오후에 동네 분들께도 나눔 행사를 했다. 내가 심부름을 했는데, 지정한 집이 아닌 다른 집에 가져가는 웃음거리도 벌어졌다. 도로 찾아올 수도 없고, 난감한 시어머님 표정에 어찌할 줄 몰랐었다. 제사에 온 모든 사람에게 한 보따리 들려 보내야 한다. 따로 사는 자식들에게도 챙겨주어야 하니, 어머님의 손이 바쁘게 움직였다. 상애떡은 조상에게 드리는 정성이면서 이웃을 위한 축제 음식이었다.

  육지부에서는 제주에서 제사나 명절 때에 빵을 올리는 것을 독특한 문화로 생각하고 있다. 시간이 흐르면서 빵 대신 카스텔라나 롤케이크를 올리는 집도 있다. 시어머니표 막걸리빵도 진화되었다. 우유를 넣어 부드러운 맛을 냈다. 좀 더 하얘진 빵은 입맛을 돋우었다. 발효과정에서 생기는 유기산과 알코올로 잘 부패 되지 않아 여름철 제사나 추석 명절에 자주 만들었다. 제사를 주도하는 제주의 어르신들은 아직도 빵을 만들어 나눔의 기쁨을 누리고 있다.

  나에게는 늘 세 꾸러미를 주었다. 아이들 몫과 친정집 그리고 다른 한 개는 동료들 몫이다. 제사라고 일찍 보내주신 동료분들께 전하는 감사의 마음이 막걸리빵이었다. 이것이 끝이 아니었다. 제사 다음 날은 빵 맛보지 못한 동네 분들을 초대하여 한 끼 음식 대접을 해야 제사가 끝이 났다.

  시어머님이 친척 집 제사에 갈 때는 막걸리빵을 만들어 부조

하였다. 내가 결혼하기 전부터 몇 년 후까지 그랬다. 가장 가까운 삼촌이 제주시에 살았다.

"삼촌, 시에까지 짊어 정 오젠 허난 속아 수다*."

육촌 시누분들이 어렸을 때 먹었던 막걸리빵을 회상하며 좋은 기억으로 남는다고 했다. 자가용도 없을 때다. 새벽에 빵을 만들어 시외버스에 몸을 싣고, 내려서 시삼촌댁까지 지고 왔다.

어머님이 만들었던 막걸리빵을 먹어만 보았지, 만들어 보지는 않았다. 손맛을 잇지 못한 것이 아쉽기는 하다. 제사가 있을 때는 떡집에 주문하여 그 맛을 보고 있다. 제주 시내 어느 빵집에서는 주문이 쇄도하고 있다.

상애빵을 만드는 체험 프로그램을 운영하는 마을도 생겨서 관광객들과 주민들도 참여하고 있다. 감귤이 많이 나는 지역에서는 감귤을 넣은 빵도 선보였다. 조상들이 만들었던 상애떡의 변형인 '제주 보리빵'이 웰빙 바람을 타고 성황리에 잘 팔리고 있다.

창고는 허물어 차고로 변했다. 막걸리빵을 만들었던 어머님도 이승을 떠났다. 빵을 만들었던 큰 양푼 몇 개 가져왔다. 우람하고 당당했던 무쇠솥은 어디로 갔는지 모르겠다.

사 온 막걸리빵을 제사상에 올린다. 나누고 베풀었던 시어머님 영정 사진에 눈을 맞춘다.

*'제주시까지 짐을 져서 오시려니 애썼다'는 제주 사투리

(2021)

빈센트

차를 마시다가 벌어진 일이다.
"남프랑스 갈까?"
삶의 중심을 잃어 방황하던 시기였다. 후배들이 흔쾌히 동행하겠다고 하니 고마울 따름이다. 어떤 풍경이 나를 사로잡을지 그려본다. 외국어에 능숙한 후배의 등에 업어 옛 동료와 중학생 K군이 함께 나서기로 했다.

남프랑스의 도시 두세 곳씩 나누어 사전 조사를 하였다. 인문학적 상식과 볼거리, 먹을거리에 대하여 여러 번 만나서 이야기를 나누었다. 6개월 전에 항공권과 호텔, 유로일 패스 예매 그리고 생애 최초의 불어 회화 강의 수강으로 여행은 시작된 셈이다.

기차 여행의 맛이랄까. 마주 앉아 담소를 나누며 올리브 나무와 어울리는 풍광들을 감상하는 여행길은 편안했다. 마음이 맞는 사람들과 함께하니 기쁨은 배가 되었다. 아비뇽에서 당일치기로 아를행 기차를 탔다. 십오 분 거리다. 투명하리만큼 맑고 푸른 하늘이 펼쳐져 있는 아를은 불멸의 화가, 고흐와 깊은 인연이 있는 곳이다. 아를은 페니키아와 고대 그리스, 로마시대 유적들이 많이 남아 있었다. 원형경기장과 지하도를 지나 생로핌 성당과 포름 광장을 향할 예정이다.

고흐의 '밤의 카페 테라스' 배경이 된 장소에 도착했다. 카페는 그림의 제목과 연관하여 '밤의 카페'로 되어있으나 문은 닫혀있었다. 오후 늦게 문을 여는 것 같았다. 다시 아비뇽으로 들어가야 하니 밤에 다시 와 볼 수 없었다. 야외석에 앉아서 카페 이름이 나오게 사진을 찍으면서 아쉬움을 달랬다. 노란 차양이 드리워진 카페의 모습은 놀라울 정도로 그림과 비슷하다. 고흐가 100여 년 전에 즐겨 찾던 곳에 내가 있다고 생각하니 타임머신을 탄 기분이다.

론강은 구시가지와 이어진 다리가 몇 개 있다. 그중에 앞쪽에 보이는 트렝크 따이유 다리가 유명한 '별이 빛나는 밤에'의 무대다. 우리에게 익숙한 팝송이 들리는 듯하다. 한동안 손전화기에서 나왔던 '빈센트'를 떠올려 본다.

    팔레트는 파란색과 회색으로 칠해요

내 영혼의 어둠을 안고 있는 그런 눈으로 여름날에 밖을 쳐다
봐요
(중략)
별이 빛나는 밤
밖에 활활 타오르는 꽃은
보랏빛 실안개 속에서 소용돌이치는 구름들이
푸른색 빈센트의 눈에 비쳐 보여요.

  고흐가 좋아했던 파란색과 노란색의 조화를 떠올리며 흥얼거렸다.
  라마르틴 광장은 고흐의 작품 '노란 집'의 배경이 되었던 장소다. 노란 집은 고흐가 머물며 많은 명작을 탄생시킨 곳이다. 2차대전 당시 폭격으로 노란 집과 고흐가 매일 식사하던 레스토랑은 없어졌지만, 그림 속 철교와 집 뒤의 4층 아파트는 그대도 남아 있었다.
  빈센트는 아를에서 15개월간 머물면서 200여 점의 작품을 완성한다. 방 한 칸에서 살며 주위 사람에게 따돌림을 당했던 시기였다. 그림은 밝고 따사로운 느낌이 많아서 그가 이곳 생활을 얼마나 즐겼는지 알 수 있다. 요양을 위해 따뜻한 남프랑스 햇살을 찾아온 고흐는 동생 테오에게 "이곳은 너무 아름답구나." 하며 기뻐했다. 여동생에게도 밤하늘의 별을 그릴 때가 가장 행복했노라고 편지를 보낸다.
  고흐에게 아를은 희망이 있어 아름다운 시절이었다. 온화한

기후와 생활비가 파리보다 쌌다. 고갱이나 베르나르와 같이 뜻이 맞는 예술가들이 모여 공동체를 건설하기를 바라며 두 사람에게 계속 아를에 오기를 권유하였다. 아를 시절의 대표작인 '해바라기'를 그리기도 하였다. 매우 선명한 노란색을 즐긴 것은 활기차고 꿈이 있는 이곳 생활에 만족한 마음을 표현했다 혹은 고흐가 즐겨 마시던 압생트의 부작용으로 모든 사물이 노랗게 보이는 황색증을 앓고 있었기 때문이라는 주장도 있다. 뭇사람들에게 많이 알려진 작품이다.

고흐는 고갱을 기다리며 '고흐의 방'을 그린다. 의자가 두 개 있다. 서로 다른 방향으로 보고 있는 의자. 서로 다름을 알게 되어 두 사람의 결별을 예견하고 있었을까. 같이 하면 평생지기로 같은 길을 갈 수 있으리란 큰 기대가 있었을 텐데 말이다. 기다린 끝에 고갱이 도착하지만 그들의 동거는 불과 두 달 만에 파국으로 치달아 자신의 귀를 자르는 자해 사건이 일어나게 된다. 고갱은 다시 파리로 떠나버렸으며, 고흐는 병원에 입원하게 된다.

시간이 허락되었다면 오베르 쉬르 우아즈에 가고 싶었다. 아를에서 환청에 시달리며 생레미 정신병원에 자가 입원했다가 퇴원한 후 고흐가 마지막 자리 잡은 쉼터였다. 희망과 꿈이 무참하게 밟혔다. 처절한 상실감을 어찌 이겨냈을까. 극단적인 궁핍과 외로움 속에 묻혔으나 생의 마지막까지 화가로서의 길

을 걷고자 치열한 시간을 보냈었다고 말하고 싶다.

밀밭에서 권총 자살을 하기까지 70일밖에 안 되는 시간이지만 72점에 달하는 작품을 남겼다. 어떤 힘으로 하루에 한 점 이상을 그렸을까. 어떤 이는 정신이상으로 그럴 수밖에 없다고도 했다. 살아생전에 딱 한 점의 그림이거나 한 점도 팔리지 못했다던 천재의 삶에 눈시울이 붉어진다.

빈센트에게 그림은 자신을 표현할 수 있는 유일한 방법이자 위로였다. 눈에 익은 소재에서 오는 따듯한 색채와 두꺼운 터치는 많은 이들이 고흐를 사랑할 수밖에 없게 만들고 있다. 내면의 눈으로 세상을 바라보며 캔버스의 빛을 칠했다. 평생 후원자였던 동생 테오는 형이 죽고 얼마 지나지 않아 형과 함께 잠들게 된다. '두 개의 심장, 하나의 마음'이라고 이야기했던 형제간의 사랑. 나는 타인에게 혹은 가족에게 어떠한 모습으로 남겨질까.

영화 '러빙 빈센트'가 절찬리에 상영되었다.

함께 보자던 지인의 제안을 참지 못해 영화관으로 갔다. 배경은 모두 유화 그림이다. 영화의 완성도를 위하여 응모한 4천 명의 화가 가운데 100여 명을 뽑았다. 2년 동안 6만여 점 이상의 그림을 그렸다.

영화의 시작은 '별이 빛나는 밤에' 작품으로, 영화의 끝은 팝송 '빈센트'로 막이 내렸다. 치열하고 아쉬웠던 삶에 관객들은 오랫동안 자리를 뜨지 못하고 있었다.

 아를은 누구에게든, 어디서 왔든, 무엇을 꿈꾸든, 있는 그대로 환영하고 품어 주었다.

(2019)

멈춘 듯 움직이는 듯

 우연당 마루에 앉았다. 『탐라순력도』에 나온 제주 양노(濟州養老)재현 행사에 초청을 받았다. 탐라순력도(耽羅巡歷圖)는 숙종 때 제주에 부임한 이형상 목사가 고을 순시와 일 년간 거행했던 행사 장면을 화공 김남길이 그린 것이다.
 제주도 지도 1면과 행사 장면 40면, 서문 2면 등 43면이다. 그 당시 사회풍속 전반을 알 수 있는 역사적 사료로 가치가 크다. 보물 제 652-6호다. 장수자를 위해 베풀었던 연회 장면은 노인 존경의 풍속과 어진 정치의 징표였다.
 노랑 앵심*을 입는 여인의 춤사위로 관객들 눈을 사로잡았다. 한 평도 안 되는 공간을 벗어나지 않으면서 춤이 끝나려는 것인지, 멈추려는 것인지 알 수 없었다.
 몸을 좌우로 조금씩 흔들고 살짝 미소 짓는 화전태(花前態)는 관객들 마음을 흔들어 놓고 있다. 묘한 미소와 표정과 몸놀림에 빠져든다. 살아있는 한 마리 새다. 2018년 동계올림픽 폐회식에 박수갈채를 받았던 춘앵무(春鶯舞)를 관아 터에서 즐기고 있다.

햇볕이 따사로운 어느 봄날, 조선 순조 때 효명세자가 궁궐을 산책하고 있었다. 우연히 버드나무 가지 사이를 날아다니는 꾀꼬리 소리를 듣게 된다. 새의 고운 자태와 지저귐에 반한 세자는 춘앵무를 만들었다고 한다. 이 춤을 어머니 순원왕후의 40세 생일 축하연으로 바친다.

제주 양노는 제주목에 사는 80세 이상의 노인을 모시고 관덕정 동헌 앞에서 치렀다. 일종의 경로잔치 광경이었다. 제주에 장수 노인이 많은 것은 가운데 솟은 한라산의 영향으로 살기 좋은 기후를 만들어 낸다고, 이원진이 쓴 『탐라지』에 설명하고 있다. 한라산이 남쪽 큰 바다의 독기는 막고, 북쪽에서 불어오는 찬 기운이 더운 습기와 열기를 몰아내기 때문이라는 것이다. 제주에서는 남쪽에 비하여 북쪽이 더욱 장수 할 수 있는 조건을 갖추고 있다고 부연하고 있다. 속설에는 봄과 가을 동쪽 하늘에 나타나는 노인성(老人星)을 보면 장수한다고 전해진다. 한라산에서 이 노인성을 볼 수 있기 때문이다.

화관과 빨간색 수를 놓은 허리띠, 오채 한삼(五彩汗衫)*과 초록색 가죽 신발은 잘 차려진 한상차림이다. 좁은 화문석 위에서 움직이는 듯, 멈춘 듯한, 지극히 절제된 몸놀림에 점점 빨려 들어간다. 가히 시가 흐르는 듯하다. 반주 음악은 귀에 익숙하다. 해금을 공부하면서 연습했던 곡들이다. 상령산을 시작으로 중령산, 세령산, 염불도드리에 이어 타령으로 이어지고 있다. 해금·대금·피리·장구·가야금·양금·거문고 등 전문 악사들이 모였다. 음악과 춤사위가 어우러져 극에 달하여 관객들의 혼을 낚아챘다.

일반인들은 햇빛이 가려진 우연당에 편히 앉아 감상하고 있다. 초대된 노인들은 개다리소반에 차려진 음식을 앞에 두고 먹지도 못하고 8월의 늦더위로 고개가 처졌다. 전직 도지사(당시 목사 재현)는 우리 옷을 입고 서쪽을 향해 혼자 앉아 감상하고 있다. 강한 햇빛으로 그늘에 앉은 관람객들은 좌불안석이다.

지금도 제주는 장수 노인들이 많다. 노인 양노의 재현 축제를 보면서 어르신들이 눈에 밟힌다. 건강한 어르신들은 나이가 들었으나 혼자 생활하고 계시다. 불편한 어르신들은 가족과 함께, 아니면 타인의 도움을 받으며 살아내고 있을 것이다.

백세시대다. 어르신들이 어디에 계시든 움직이는 듯, 멈춘 듯, 다시 움직일 수 있는 시간이 이어지길 빈다.

*앵삼 : 궁중무용 때 무동이나 여기가 손목에 끼는 긴소매
*오채한삼 : 빨강·노랑·파랑·흰색·검정색으로 배색한 손목에 끼는 천

(2019)

다섯째마당

산티아고 가는 길

짝짝이 눈
산티아고 가는 길
어느 소녀의 외침
마음을 읽는다는 것은
제자리로 돌아가는 풍경
기도
먼길
유월 스무날

투명한 풍경을 담은 물빛 앞에 앉아 잠시 얼굴을 비추어 본다. 풍경을 담느라 일행과 떨어져 있었기에, 여유를 가지지 못하는 아쉬움이 컸다. 1,200년 가까이 순례자들이 걸었던 발자국을 포개어 걷고 있다. 나를 여기까지 인도한 절대자의 뜻은 무엇일까. 중세 수도자들과 현재를 사는 사람들은 무슨 연유로 이 길을 걷고 싶어 하는 것일까.

- 「산티아고 가는 길」 중에서

짝짝이 눈

 마스크 필수시대다. 가까운 이들도 몰라 당황하게 한다. 모자까지 쓰면 눈썹도 반은 가려지고 눈만 보여 얼른 알아보기 힘들다. 바깥 활동이 줄어들면서 화장품도 팔리지 않는다고 아우성친다. 여성들이 입술연지로 화장을 마무리하는 것도 옛이야기다. 요즘에는 햇빛 차단제 바르고 눈썹 선과 눈에만 정성을 들이면 외출준비 끝이다.
 첫 아이가 내 품에 안긴 기쁨을 무엇에 비하겠는가. 누가 훔쳐 갈 것만 같은 불안증으로 잠을 설쳤다. 친정어머니는 이부자리 아래 도마 칼을 신문에 싸서 넣어주며 안심시켜 주었다. 몸조리하는 동안 시어머님은 영양식을 가지고 하루가 멀다고 읍내와 시내를 오갔다. 시누분들은 조카가 보조개가 깊고 쌍꺼풀이 짙게 지었다고 환호성이다. 쌍꺼풀을 가진 것이 미인임을 가름하던 때다. 대학 입학하는 여학생에게는 성형이 유행처럼 번졌다. 한국형 미인은 정녕 외까풀이었거늘, 쌍꺼풀 수술로 병원은 문전성시를 이루고 있었다.

친정 부모님이 모두 시원한 눈을 가졌기에 남자 형제들도 쌍꺼풀이 짙었다. 사춘기 소녀들은 피부색과 얼굴형 그리고 쌍꺼풀눈에 방점을 찍었다. 나는 도리어 팔다리가 가늘고 크지 않은 키로 고민이 깊었다. 피부 노화는 스무 살이 지나면서 시작된다. 눈가에 가는 주름이 생기기 시작하고 눈 아래와 입 주변에 점도 하나둘 늘어났다. 눈 성형 시대가 지나고 얼굴에 생긴 점을 빼는 유행이 돌았다. 여고를 졸업한 새내기로 겨울에는 예약이 줄을 잇고 있다.

"결혼식 앞두고 얼굴에 점을 빼는 것이 어때요."
"지금 이곳으로 오실 수 있는 거죠?"
얼굴에 손을 대는 일은 절대로 없을 거라고 매몰차게 정리했다. 시간이 지나면서 점은 하나씩 더 늘어났다.
"강남 어느 피부과였나요?"
"그때 말한 곳이요."
나에게 묻는 또 다른 나를 발견하고는 움칫 놀란다.
지인들과 이야기를 하다가 결국은 피부과나 성형외과에 다녀온 이야기로 마무리되는 일이 종종 있다고 한다. 오랜만에 만난 동창 모임에서 예전과 달라 보이는 친구들이 있었다. 마스크를 써서 그랬나 생각했었다. 동글동글한 느낌이 얼굴에 퍼져 있었다. 처져 가는 눈을 살리려고 고민이 깊었겠다 싶다.

만료된 여권을 바꾸려고 사진관으로 갔다. 사진을 보고 자연스럽지 않은 양쪽 눈을 발견했다. 불빛에 눈을 감았었나 하는 생각이 잠시 스쳐갈 뿐이었다. 여권 사진은 얼굴을 집중하여 찍으니 짝짝이 눈이 선명했지만 심각하게 생각하지 않았다. 거의 매일 화장했던 시절에도 그리 신경이 가지 않았었다. 아니 눈에 대한 자신감을 가졌는지도 모르겠다.

요즘 들어 거울 앞에 서면 짝짝이 눈이 거슬리기 시작했다. 왼쪽 눈은 크고 오른쪽 눈은 상대적으로 작게 보였다. 왼쪽은 쌍꺼풀이 크고 짙었다. 오른쪽은 쌍꺼풀이 작고 위에 가느다란 선이 그어져 있다. 피곤하거나 잠이 모자라면 크게 되었다가 다시 돌아오곤 했다.

'예약해 볼까?'

'코로나시대에 병원 외출은 무슨?'

내가 또 다른 나와 대화 중이다.

묘안을 생각해 냈다. 눈화장에 농도를 달리해 보았다. 큰 눈은 엷게, 작은 눈은 약간 짙고 넓게 칠했다. 누가 내 눈을 보면서 크기를 비교하겠는가마는. 몸에 대한 집착과 애착은 사람들을 자유롭게 하지 못하고 있다. 공들여 화장하여도 여전히 짝짝이 눈이다.

몇 달째 내 안에 두 개의 내가 살고 있다.
'시간 내어 가볼까?'
'아무렴, 끝까지 내 생각을 밀고 나가야지.'

갈등과 선택은 삶의 어떤 곳에서든 만나게 된다. 내가 나를 중재한다. 두 개의 나 사이에서 시소타기 하다가 겨우 평형추를 달았다.

짝짝이면 어쩌랴. 시력을 잃은 사람일지라도 영혼의 눈으로 세상과 만날 수 있고 무언의 언어로도 세상과 소통할 수 있을 테니.

짝짝이 눈으로 사물이나 사람의 진실을 읽지 못한 일이나 없었는지 돌아볼 일이다.

(2021)

산티아고 가는 길

　살던 둥지를 떠나는 것은 늘 설레게 한다. 성지순례 일정이 나왔다. 10박 11일 동안 교우들과 스페인 북부와 포르투갈 파티마, 프랑스 루르드로 떠난다. 처음 가는 성지순례다. 일정 중에 산티아고 순례길 일부를 체험하는 여정이 들어 있었다. 몇 개월 흥분된 마음으로 지냈다.

　산티아고로 가는 가장 일반적이고 오래된 길은, 피레네산맥을 넘어오는 '프랑스 길'이다. 약 800㎞ 여정으로, 하루 20여 ㎞씩 한 달 이상을 걸어야 목적지에 닿을 수 있다. 프랑스 길 중, 스페인 보아딜라에서 시작하여 약 6㎞, 1시간 30분 정도 걸을 예정이다. 걷기 힘든 몇몇 일행은 버스로 이동한다. 프로미스타에서 기다리기로 했다.

제주 올레길에서 볼 수 있는 정겨운 화살표가 안내자다. 노란색 안내표시는 페드로 신부님이 순례자들의 안전을 위해 만든 것이다. 제주 올레길에는 조랑말 모양이, 산티아고 순례길에는 조가비가 길의 의미를 더해준다. 시간의 흐름이 묻은 집들과 몇 사람 정도 들어갈 만한 작은 성당을 지나고 있다. 뺨에 닿는 바람만이 길손을 반길 뿐. 마을은 고요 속에 잠들어 있다. 여행자 숙소인 알베르게 바깥벽의 벗겨진 흔적이 눈에 띈다. 오래된 마을이겠다 싶었다.
　마을 안길을 벗어나 수로 따라 걷다 보면 노란 밀밭이 눈을 가득 메운다. 개양귀비와 이름 모를 들꽃이 발길을 멈추게 했다. 사진작가인 신부님은 계속 셔터를 눌렀다. 찔레꽃과 창포가 우리를 물가로 부른다. 멀리 보이는 나무 한 그루와 그 너머에 끝없이 펼쳐진 밀밭. 모두 이국적인 풍경으로 환호성이다. 수로에 비친 농가 건물은 한 폭의 수채화를 만들어낸다. 그림 소재로 삼아 볼 양으로, 수양버들이 길게 늘어선 풍경을 손전화기에 담았다.
　투명한 풍경을 담은 물빛 앞에 앉아 잠시 얼굴을 비추어 본다. 풍경을 담느라 일행과 떨어져 있었기에, 여유를 가지지 못하는 아쉬움이 컸다. 1,200년 가까이 순례자들이 걸었던 발자국을 포개어 걷고 있다. 나를 여기까지 인도한 절대자의 뜻은 무엇일까. 중세 수도자들과 현재를 사는 사람들은 왜 이 길을 걷고 싶어 하는 것일까.

메시지 도착 신호가 감지되었다. 태평양 건너 사는 남동생이었다. 풍경 사진과 안내 지도를 보내어 내가 어디쯤 있는지를 알렸다. 가족과 함께 걸었던 길이라고, 가을보다 요즘 풍광이 더 매력적이라고…. 순례를 응원하는 답장이 바로 도착했다.

"주님의 축복은 단비같이 마른 땅을 적시네. 들에 피어나는 꽃과 같이 만물이 소생하네. 너 순례길 걸으며 어디로 가든지 주의 은혜 널 이끄사 늘 지켜주시리."

동생이 보낸 찬송가를 들으며 프로미스타로 걸음을 내디뎠다. 초록의 자작나무숲을 보게 된 것도 우연한 행운이었다. 먼저 도착한 일행은 커피를 마시며 여유를 부리고 있었다.

다시 버스에 올라 레온으로 향해 가고 있다. 창밖을 보니 혼자, 둘이서, 혹은 셋이서 걷고 있는 사람들이 보인다. 그들은 얼마 남지 않은 대성당을 상상하며 더욱 힘을 내고 있을 것이다. 등에는 큰 배낭을 짊어지고 있었다. 알베르게에는 '짐은 두려움이다'라는 글이 적혀있다고 한다. 만약을 위해 준비한 물건들이 등을 무겁게 할 터.

짐을 줄이는 건 쉽지 않았다. 먼 곳으로 여행을 갈 때마다 가방을 세 개 챙긴다. 트렁크와 등 가방과 작은 크로스 가방이다. 며칠 전부터 정리하는 가방에는 챙겨야 할 물건들이 많다. 여행에서 돌아온 후, 한 번도 사용하지 않은 물건들을 보며 늘 후회하곤 했다. 두려움을 떨쳐 버리지 못하는 약한 모습을 들여다본다.

　레온에서 산티아고 성지로 약 네 시간 동안 달려왔다. 〈산티아고 데 콤포스텔라〉 성당 첨탑이 보이기 시작했다. 오브라이도 광장 위에 우뚝 솟은 대성당이 우리를 품에 안아 주었다. 성당 광장에는 많은 인파가 몰려 있어, 단체 기념사진 찍을 장소를 물색하는 신부님이 걸음이 분주했다.

　성 야고보의 스페인식 이름이 산티아고이고, 성인 무덤이 있는 '별들의 들판'이라고 하는 도시가 산티아고다. 성인 동상과 무덤을 보기 위해 긴 줄이 서 있었다. 성당 일부가 내부 수리 중이다. 성인 동상을 정면에서 보지 못하고 뒤에서 껴안는 것으로 만족해야만 했다. 간신히 예약된 미사 시간 전에 성인의 무덤에 경배하였다. 내 앞에 있는 자매님은 긴 줄에도 아랑곳하지 않았다. 은을 입힌 관 앞에 무릎을 꿇고 두 손을 모아 눈을 감은 듯했다. 절실한 바람이 무엇일까. 받았던 은총에 감사 기도를 드리고 있을지도.

　훗날 다시 한번 오고 싶은 길이다. 열흘에 100km 정도 걸을 수 있는 코스가 있다. 자신을 가장 잘 아는 것 같아도, 가장 잘 모르는 것이 나일 것이다. 다시 올 순례의 시간을 마음에 품는다.

　"부엔 카미노"

(2021)

어느 소녀의 외침

　창을 열었다가 바로 닫았다. 하늘과 바다의 경계가 없다. 중국발 황사는 봄에만 오는 불청객이었다. 이제는 시도 때도 없이 방문하는 반갑지 않은 손님이다. 요즈음 더욱 기후변화에 대한 정보에 관심이 갔다. 스웨덴 소녀 '툰베리'에 대한 다큐멘터리를 보면서 옛 제자들 얼굴이 아른거렸다.
　교사들 앞에서 수업 시연을 해야 하는 일이 있었다. 어떤 내용의 수업을 전개할 것인지 고민이 깊었다. 교사가 이끄는 수업이 아닌, 학생들이 주도적인 내용을 선정하는 것이 중요했다.
　미리 준 예습과제를 조별로 토의한 후 조장이 발표했다. 교사는 안내자의 역할 정도만 하는 것이다. '환경 문제와 해결방안'이 수업 주제다. 새로운 수업 기기 이용과 학생들이 주도하는 수업이라 큰 호응을 얻었다. 그때 단발머리 소녀들은 가정과 사회에서 중요한 목소리를 낼 나이가 되었다.

　금요일마다 스톡홀롬 시청사 앞에 오는 한 소녀가 있다. 금요일마다 결석하여 1인 시위를 하는 16세 소녀 '크레타 툰베리'다. 툰베리가 기후 위기에 대한 관심을 끌게 한 것도 수업 시간에 깊이 다가왔다고 한다. 행동으로 나서야 한다는 결론을 얻었다.

　결석 시위가 전 세계로 확산되고 있었다. 수만 명이 시위에 동참하고 온라인 응원도 이어졌다. '하나뿐인 지구'라는 구호는 오래전의 일이다. 이렇게 되기까지 실천이 없었다. 개발과 발전이라는 목표로 치닫는 우리는 생존을 빼앗기고 있는 위험에 처해있다. 입과 머리로만 외쳤을 뿐이다. 이미 늦었다고 하지만 강 건너 불 보듯 할 수 없는 절체절명의 때가 와 버렸다.

　또래 청소년들이 같은 목소리를 내며 힘을 보태고 있다. 언론과 세계지도자들도 관심을 가졌다. 세계 정상들이 모이는 회의에도 발언할 기회를 얻었다. 탄소 중립은 2050년까지 탄소 배출 0%로 만드는 프로젝트다. 30년 남았다. 그때는 이미 사람들이 견딜 수 없는 상황에 이르니, 지금 행동해야 한다고 외친다. 어른들이 아이들보다 생각이 얕았다. 어른의 한 사람으로서 부끄럽기 짝이 없다.

　소녀는 2년 휴학을 결심한다. 자기 발로 기후변화 현장을 돌아볼 터였다. 빙하, 가뭄, 산불, 산사태, 농작물 피해, 유목민들의 생활 등 기후변화가 일어나고 있는 현장으로 가서 전문가들의 의견을 듣는다. 2년간 얻은 결론은 이제는 멈춰서는 안 된다고, 지금 당장 실천하자고, 과학자들의 말에 귀를 기울여야 한다고 호소한다. 언론들은 자기와 정상 간의 대결 같은 언론 몰이에만 관심이 있고, 자신의 말에 귀 기울이지 않는다고 탄식한다.

미국에서 스페인으로 넘어올 때 비행기를 타지 않았다. 배를 이용한 이유는 분명했다. 기후변화에 대해 말로만 하지 않고, 행동으로 보여주어야 하는 신념 때문이다. 스페인에서 스톡홀름까지 가는 것도 비행기를 이용하지 않았다. 열차로 집에 왔다. 비행기. 얼마나 편리한 운송 수단인가. 컴퓨터가 나오기 전, 20세기에 발명품 중 그만한 것이 있었겠나 싶다. 코로나 팬데믹(pandemic)이 오기 전에 우리는 가보고 싶은 미지의 세계를 향해 하늘을 날며 꿈꾸지 않았던가. 비행기에서 나오는 탄소배출이 장난이 아니었다.

코로나 시대에 비행기는 서고, 공장이 멈추고 거리는 텅 비었다. 사람 이동이 멈추니 지구가 깨끗해졌다는 과학적 보고가 나왔다. 14년 전 상태로 돌아왔다고 한다. 코로나 사태가 끝나면 다시 돌아갈 것이다. 에너지 절약과 자원 재활용, 대체에너지 개발 등 대안이 나오고 있으나, 실천은 미미한 것 같다.

제주도는 전기차 1위라는 타이틀을 달았다. 학교에서는 건강한 밥상으로 월 1회 이상 '채식의 날 및 통곡물 급식의 날' 운영을 한다. 그동안 누렸던 일상의 편리함을 불편함으로 바꾸어 인간과 지구가 평화롭게 살아갈 세상을 만들고자 머리를 맞대고 있다.

 2020년 만료 예정인 교토의정서*를 대체한 P4G 정상 2차 회의*가 지난 5월 말에 서울에서 열렸다. '서울 선언문'을 채택했다. 코로나 사태로 온라인으로 열렸다. 코로나가 아니었으면 툰베리도 달려왔을지도 모르겠다.

 코로나로 툰베리의 활동에도 변화가 왔다. 집회가 취소되어도 지구 공동의 집을 살리는 길은 멈출 수가 없다. SNS로 활동 중이다. 변함없이 "지금 당장 행동하고 실천하자."라는 소녀의 외침은 울림이 크다.

(2021)

*교토의정서: 온실가스 배출을 줄이기 위해 기후변화협약에 따른 의정서
*P4G 정상 회의: Fartnering for Green Growth and the Global Goals 의 약자. 2021년 1월부터 적용될 기후변화 대응을 담은 기후 변화 협약

마음을 읽는다는 것은

아일랜드식 아침 식사로 하루가 열리면
푸른 초원이 펼쳐지는 창밖 풍경
한가로이 풀 뜯는 양들의 이야기가 들려온다

지난한 슬픔을 짓누르고 발길 돌리면
편안하게 펼쳐지는 끝없는 수평선
수 천 년의 시간이 만들어 낸 장관 앞에
마땅한 수식어를 찾을 수 없다

아일랜드인들의 무표정한 얼굴 속에
고달픈 역사가 숨겨져 있다 하여도
이방인을 맞으면 겸손과 배려가 꿈틀거린다

가벼운 차림으로 거리를 걸으며
그들 속으로 들어가 본다
어스름 무렵, 펍(pup)에서 부딪히는 기네스 한잔
나른한 삶 속에 온기가 솟는다

마음을 읽는다는 것은
그들의 역사와 문화에
눈을 맞추어 볼 일이다.

(2019)

제자리로 돌아가는 풍경

 방역 당국에서 집에 머물러 달라고 호소합니다. 사람들과 물리적 거리를 두니 심리적 거리가 멀어질까 심히 걱정입니다. 자녀들과 약속된 만남도 없던 일이 되어버렸습니다.
 집에 머무는 시간이 많아지니 미루어 두었던 성경 쓰기를 시작했습니다. 사무엘기 24장에 눈이 멈추었지요. 아주 먼 옛날, 흑사병으로 이스라엘 국민 칠만 명이 죽었다는 이야기에 놀라지 않을 수 없었답니다.
 바깥세상과 단절된 안거를 기꺼이 받아들이려고 합니다. '사회적 거리 두기'로 평화방송으로 주일미사를 보고 있습니다. 주일이 아닌 날에도 미사가 여러 차례 있습니다. 성당에 가지 않아도 미사를 볼 수 있는 것은 가톨릭 평화방송 덕분입니다. 전국 여러 교구의 성전 모습도 색다르게 만나고, 추기경님과 대

주교님 그리고 여러 곳의 신부님들의 강론내용도 새롭게 다가옵니다. 강론은 복음과 관련이 있지만, '코로나19'가 빨리 사라지기를 위한 기도도 올려집니다. 요즘 우리의 삶은 물살이 센 강물을 건너야 하고 사막을 걷는 듯합니다.

미사가 끝나도 TV를 끌 수가 없었습니다. 이참에 읽고 싶었던 책이나 읽어보자고 마음을 먹었는데, 그만 평화방송과 사랑에 빠지고 말았습니다. 뉴스나 다큐멘터리 정도만 보던 내가 TV 보는 시간이 길어졌습니다. '바보상자'가 아닌 '지혜상자'로 다가왔습니다. '세례를 받았으나 주어진 틀에 박혀 생활해 왔구나.' 하는 후회가 밀려오기 시작하였습니다.

방송에서는 살아있는 사람들과 세상을 떠난 교우들에 대한 기도는 물론, 외로워서, 힘들어서, 누군가에게 희망을 주기 위한 기도가 속속 도착합니다. 신부님과 수녀님 그리고 방송을 보고 있는 모든 이들이 함께 기도를 청합니다.

'걸어서 만나는 신앙의 숨결' 프로그램에서 눈을 뗄 수가 없었습니다. 순교자들의 피의 증거를 간접적으로나마 체험할 수 있기에 말입니다. 21세기를 살면서 신앙을 자유롭게 증거하고 믿는 우리는 무엇으로 피의 증거를 이어갈는지요. 소망 목록을 수정하려 합니다. 사태가 잠잠해지고 일상으로 돌아오게 되면, 성지들을 돌아볼까 합니다.

해외까지 가지 않아도 '영상 기행'으로 세계 곳곳의 성당과 수도원도 만날 수 있었습니다. '산티아고 가는 길' 프로그램을 기다립니다. 일요일 늦은 밤에 진행되고 있지만, 그날만은 잠자리에 늦게 듭니다. 몇 년 전에 그 길의 일부를 체험했기에 더욱 마음이 끌렸습니다. 처음 보던 날은 제가 걸었던 길이 나왔습니다. 끝없이 펼쳐진 프로미스타 밀밭과 맑은 수로에 피어난 꽃들이 지나갑니다. 맛만 보았던 그 길. 목적지인 '산티아고 데 콤포스텔라'가 다시 어떤 느낌으로 다가올지 기대됩니다.

  스님들이 안거 중에 죄를 짓고 밖으로 나가는 것을 파하(破夏)라고 했습니다. 저는 파춘(破春)을 하였습니다. 동네 한 바퀴 돌아오자고 묵주를 들고 나갔습니다. 돌아오는 길에 야생 갓나물을 뜯어 겉옷에 싸서 왔습니다. 파와 곁들여 김치를 만들었습니다. 이날 오후는 김치 담그기에 시간을 바쳤습니다. 입맛이 없는 여름에 먹으면 그만입니다.

  사순절 시기가 오면 '십자가의 길'을 바치고 금식을 하며 하느님과 가까이하겠다고 다짐한 지도 여러 해가 지났습니다. 어영부영 지내다가 부활절이 오면 자신이 부활한 것처럼 기뻐하는 자만도 부렸습니다.

  '이스라엘 십자가의 길'이 영상과 자막으로 보여줍니다. 세계 곳곳에서 온 수도자들과 교우들이 함께 걸으며 묵상하고 있습니다. 성모님의 슬픔도 전해옵니다. 깊은 슬픔입니다. 저의 눈은 골고다 언덕을 올라갈 때 예수님의 얼굴을 닦아주었던 '성녀 베로니카'에 멈추어 있습니다. 하느님의 음성을 듣기 위해 오늘도 평화방송을 봅니다. 마음의 면역력이 조금 더 길러지기를 기대하면서 말입니다.

당연하게 여겨졌던 것들이 의미 있게 다가오는 요즘입니다. 잃어버린 시간 속에서도 5월의 장미는 탐스럽게 담장을 장식하였고, 정원의 나무들은 그 초록빛을 더해갔습니다. 매미 소리가 사그라지면서 선선한 바람이 불어옵니다. 감나무에 감이 익어갑니다. 계절이 몇 번 바뀌어도 바이러스는 수그러들 줄 모르고 있습니다. 평범한 일상으로 다시 돌아갈 수 있기를 기다려 보지만, 갈 길은 멀어 보입니다. 다가오는 또 다른 바이러스에 인류와 지구의 운명이 어떻게 될 것인지 생각하면 막막하기만 합니다. 긍정의 힘으로 자신과 이웃에게 존중과 사랑을 보내자고…. 주문을 외워볼 따름입니다.

올해는 김대건 신부님 탄생 100주년을 맞는 해입니다. 북 치고 장구 치고 노래하며 온천지가 들썩여야 할진대, 행사가 취소되고 있습니다. 그나마 다행인 것은『성 김대건 바로 알기』『성 김대건 바로 살기』책이 출간된 것이지요. 26주간 묵상기도집은 책상머리에 놓여 있답니다. "당신은 천주교인이요?" "네, 나는 천주교인입니다." 영상과 자막으로 평화방송에 자주 등장합니다. 신부님은 죽음이 두렵지 않았습니다.

한국 교회는 해마다 9월을 '순교자 성월'로 지내면서, 이 땅의 모든 그리스도인의 순교를 기억하며 그들의 삶을 본받도록 이끌고 있습니다. 오늘을 사는 우리는 땀으로서 그리스도의 진리와 삶을 증거 해야 하는 세상이 되지 않았나 싶습니다.

김대건 신부님 묵상집은 집에 머무르는 시간이 길어지는 요즘에 걸맞은 삶의 길잡이랄까요. 묵상 후에는 '하느님 백성의 모두 제자리로' 기도를 바칩니다. 제자리 찾기 운동 실천 덕목도 마음에 새기면서 나의 삶을 돌아봅니다.

어느 시인은 "세상에서 제일 아름다운 풍경은 모든 것이 제자리로 돌아가는 풍경"이라고 노래했습니다. 저 또한 모든 것이 제자리로 돌아가게 해 달라고 하느님과 성모님께 기도합니다.

(2021)

기도

향냄새가 새벽공기를 가른다. 촛불에서 나오는 희미한 빛이 어두운 부엌을 밝힌다. 하얀 사기 사발에 물 한 그릇 놓여있다. 시험이 가까이 오면 우리 집 부엌 풍경은 달라진다.

어머니는 늦은 밤까지 공부하는 나에게 어서 잠자리에 들라고 채근하셨다. 해야 할 것이 많다고 답하는 딸을 보곤, 측은한 표정을 지으면서 다시 잠을 청했다.

달걀 반찬은 최고급이었다. 시험 날이어서 은근히 기다렸지만, 아침상에 없었다. 참기름을 쓰니까 미끄러워서 시험에 방해가 된다는 어머니만의 원칙이었다. 시험을 치르고 왔을 때도 잘 보지 못했노라고 하면 당신의 정성이 부족했다면서 내일은 잘 볼 수 있을 것이라고 안심시켰다. 시험 기간 동안 촛불과 향은 계속 타고 있었다.

해거름에 전화기가 울렸다. 다급한 마음을 추스르는 어머니의 목소리. 몸이 불편해도 좀처럼 연락하지 않았던 터라 무슨 일일까 싶었다. 내일은 네가 바쁘더라도 병원에 함께 가자고 했다. 평생교육원에서 수요일 날 받는 수업을 기억하고 있었다.

야간진료 있는 곳을 급히 찾아 예약을 받아놓고 운전대를 잡았다. 평소에는 친정집까지 이십여 분 정도인데, 교통체증이 심한 시간이라서 45분이나 걸렸다. 병원으로 가는 동안 차 속에서 나의 속마음을 내비쳤다. 어제 오빠랑 정기진단하고 왔는데 하루 만에 다시 아프다니 어찌 된 일이냐고 물었다. 아픈데가 많으니 오빠에게 미안하여 말을 못 했다는 것이다. 미묘한 틈새가 그런 것인가 싶어 애잔하다.

병력을 점검한 의사는 지금 당장 급한 일은 없다고 했다. 다른 약을 많이 먹고 있으니 집에 있는 약을 먹으라고 안심시켰다. 어머니는 약도 주사도 처방하지 않는다고 의사에게 섭섭한 눈치를 주었다. 친정집으로 모셔다드리고 집에 와서 기도서를 편다. 부모님께 드리는 몇 줄의 기도로 마음을 추슬러본다.

고등학교는 시내에 있는 큰 학교로 가고 싶었다. 부모 없이 외딴곳에서 지내기가 쉽지 않다며 허락하지 않았다. 공부할 의지만 있으면 어떤 곳이든 할 수 있다는 것이 부모님 생각이다. 읍내에 있는 학교라 느긋한 마음으로 허송세월만 보냈다.

큰 시험이 앞에 놓여있었다. 대학에 들어가기 위한 관문인 예비고사다. 원하는 지역을 신청하여 지역별 합격점에 들어야 본고사를 치를 수 있었다. 첫 관문을 통과하는 것이 목표였다. 시험을 보기 위해 내가 사는 곳보다 좀 더 큰 읍에서 시험을 치르게 되니 하루 전에 여관에서 자야만 했다. 시험 이틀 전이었다.
"내일 새벽 4시에 너를 깨울 거야."
"왜요?"
"절에 갈 거야."
아직 다른 가족들은 한창 잠을 자는 시간. 어머니와 조용히 방문을 나섰다. 새벽공기가 차갑다며 마스크와 머플러로 입과 머리를 단장해 주셨다. 주위는 어둠에 묻혔다. 발을 더듬거리며 어머니의 손을 잡고 절로 갔다.
향 한 다발을 부처님 전에 올리고 절을 두 번 하였다. 돌아오면서 향을 왜 통째로 피우냐고 물었다. 큰 시험을 앞두고 정성을 다하는 것이라고 했다. "좋은 점수를 얻을 수 있을 거다." 며 편한 마음으로 시험을 치르고 오라고 다독여 주셨다.

어머니는 두 달에 한 번 정기진단 가면 종일 병원에서 보낸다. 식사 전에 혈액검사하고 두 시간 후에 결과가 나오면 여러 진료실을 순례한다. 여러 가지 병환으로 가리는 음식의 수가 늘어나고, 어머니와 가장 가까이 있는 것은 쌓여가는 약봉지들이다.

걸어서 당신 뜻대로 갈 수 있는 병원은 없다. 자녀가 함께 가야만 하는 현실이 우리에게 미안하다고 한다. 가까이 있는 노인 회관을 부담 없이 다닐 수 있을 때만도 좋았다. 이제는 노인들이 사용하는 보행 보조기에 의지하여 몇 번을 쉬면서 동네 가게에 갈 정도다. 기억력도 조금씩 나빠지고 판단도 흐릴 때가 종종 있다.

어머니가 택시를 타서라도 가고 싶은 곳은 양약을 처방하지 않는 한의원이다. 의사와 간호사 선생님이 친절하고 자주 만나는 사람들과 대화를 나누면 마음이 편하다고 했다. 혼자 있는 시간이 길어서 외로운 병까지 얻었나 싶다.

잦은 소변에 관절염의 고통과 밤에 찾아오는 가려움증으로 잠을 설치기가 일쑤다. 깊게 팬 주름과 굽은 등 너머로 비친 어머니의 모습에서 삶의 무게를 엿보는 듯하다.

두 대의 촛불과 성모마리아상 앞에 앉았다.

(2018)

먼 길

 싸늘한 기온이 몸을 에워싼다. 입동 지나고 소설(小雪)이 코앞이다. 밤새 이슬 먹었던 화초들과 눈을 맞춘다. 꽃잔디 진 지 오래되었고, 여름내 불타던 맨드라미도 제빛을 잃고 고개가 처지기 시작한다. 무서리에 견뎌 온 국화는 갈빛으로 변해가는 고요 속에 잠들어 있다. 휙 부는 바람에 감나무 잎이 바닥에 떨어졌다. 가슴 후비고 간 상념으로 먹먹해진다.
 '사도 요한을 먼저 하느님 곁으로 보냈습니다.'
 사십 년 넘은 지인들과 마음 나누는 단체방에 뜬 문자였다. 아니야, 아직은…. 갑작스러운 사고였나, 혼자 감당하기 힘든 무슨 일이 있었을까. 온갖 상상으로 놀란 가슴을 쓸어내렸다.
 나의 마음은 C시로 달려가고 있었다. 아들을 먼저 보낸 L과 통화할 엄두가 나지 않았다. L의 딸 연락처를 메모에 둔 것이

천만다행이었다. 부모님과 공원에 나와 있었다. 나는 마음을 억누르며 전화를 받았지만, 북받쳐 오르는 기운을 감당하지 못하여 통곡하고 말았다. 기침이 심해 응급실로 갔는데, 그때는 이미 손을 쓰기 힘든 상황이 되어버렸다. 이틀이 고비라는 말을 듣고 무너지는 가슴을 어찌 쓸어내렸을까. 가족들에게 인사할 겨를도 없이 삼일 만에 황망히 떠났다.

이태 전 이맘때쯤 양구에 갈 일었다. L댁에서 하룻밤 묵고 닭갈비까지 함께 먹었던 저녁 시간이 마치 어제 일 같았다. 일을 마치고 서둘러 식당에서 함께 했었다. 예전보다 몸이 좋지 않아 생활도 절제하고 건강에 신경을 쓰고 있노라고 했다. 할머니와 삼촌 그리고 고모들에게 희망이었던 손자였고 조카였기에, 더욱 애틋하고 아렸다. J댁 종손으로 책임과 의무가 막중할 터였다.

요한이 떠난 지 몇 주 지났다. 잠시 내려옴이 어떤지 손을 내밀었다. 얼른 옆에 있는 남편을 바꾸었다. 어떤 이야기로 시작하면 좋을지, 가뭇없이 가버린 요한을 떠올리는 것조차 버거웠지 싶다. L의 남편은 마지막 인사를 제대로 하지 못한 아쉬움이 컸다고, 지금도 실감이 나지 않는다고…. 애써 누르는 슬픔이 전화기 너머로 전해졌다.

인생의 초여름을 막 보내고 먼 길 떠난 요한. 다시 되돌아볼 수도, 되돌아올 수도 없는 그가 떠난 자리에 소슬한 바람이 일었다. 있다가 없는 것, 보이다가 안 보이는 것에 대한 통증은

뭉근하면서도 날카로웠다.

요한에 이어 갑자기 떠난 교우들이 있었다. 창문으로 얼떨결에 떨어진 사고는 한순간이었다. 애지중지 키운 딸은 의젓한 직장인이 되어 부모님께 효도하고 싶었다. 꽃다운 나이였다. 그들의 봄도 너무 짧았다.

내가 할 수 있는 것은 달리 무엇이 있겠는가. 그분께 바라고 또 바라는 것밖에는…. 11월은 가톨릭 전례로 위령성월(慰靈聖月)이다. 세상을 떠난 영혼을 특별히 기억하고 위로하며 기도하는 달이다. 그 너머 자기 죽음을 조용히 묵상해 볼 수 있는 때이기도 하다. 동동걸음 걸었던 시간이 회한의 실타래를 풀었다 감았다 한다.

인디언 수우족 기도문에는 '바람 속에 당신의 목소리가 있고, 당신의 숨결이 세상 만물에게 생명을 준다'라고 했다. 영혼의 바람들이 내 주위를 맴돌고 있다. 부활의 신앙을 믿고 있다. 애써 마음을 가다듬는다.

해거름 녘 동네 한 바퀴 돌고 왔다. 몇 개 남지 않은 감나무잎이 바람에 달랑거리고 있었다. 감나무는 단풍이 한창일 때쯤이면 까치밥 몇 개만 남겨둔 채, 빈 몸을 드러내기 시작한다. 하늬바람 이겨내고 신록이 우거질 즈음, 감꽃은 청신한 아기 얼굴로 다가와 말을 걸겠지. 자연의 순환은 어김이 없을 테니…. (2020)

유월 스무날

　행사 준비가 한창이다. 육류를 파는 진열대 주위에 사람들이 몰려있다. 부위 별로 손질된 재료에 눈이 멈춘다. 소비자들은 닭을 들었다 놓았다 하며 선택의 갈림길에 서 있는 듯하다. 옛 풍경들이 아스라이 밀려오기 시작한다.
　어머니와 벗하여 오일장에 다녀오는 일이 많았다. 여느 장날보다 북새통이었다. 통통한 암탉 한 마리가 마당 한구석에 터를 잡았다. 닭은 벌을 받는 것처럼 나무와 연결된 줄에 한쪽 다리가 묶였다. 날아보려다 털썩 주저앉기를 반복하다가, 한 자리만 뱅뱅 돌아야만 하는 자유롭지 않은 몸이었다. 생의 마지막 날이 언제임을 모르는 터.
　평소 인자했던 아버지의 모습은 온데간데가 없었다. 한창 놀고 있는 닭 목을 비틀었다. 축 늘어진 목을 보니 목숨이 다했구나 싶었다. 다시 뜨거운 물에 데쳐 나온 가련한 신세다. 물에 빠진 생쥐처럼 털은 몸에 착 달라붙었다. 아버지가 털을 뽑기 시작하자 차마 그 상황을 쳐다볼 수 없어 방으로 들어가 버렸다. 제주에서는 음력 유월 스무날을 '득 잡아먹는 날'이라 했다. 여름을 나기 위한 연례 행사다.

마당 한 켠 두레상에 삶은 닭 한 마리가 올라왔다. 아버지는 자식들에게 살점을 뜯어 주느라 손놀림이 분주했다. 양손은 노르스름한 닭기름으로 번들거렸다. 내 몫은 항상 기름지지 않고 뼈가 없고 부드러운 가슴살이다. 음식을 탐하지 않아 몇 점 먹고 물러서려는 나를 보곤 아쉬운 눈짓을 보냈다.

으뜸인 닭다리는 오빠와 큰동생에게 주었을 성싶다. 아버지는 뼈에 붙어 있는 살을 깨끗하게 먹지 않았다고 타박하기도 했다. 가장이었지만 닭다리는 언감생심이다. 자식들이 먹다 남긴 살점과 물렁뼈를 맛나다며 우리가 상을 물린 후에도 한참이나 앉아 있었다. 살이 거의 없는 계륵과 닭 껍질로 배를 채우셨다. 계륵을 드실 때는 삼국지 이야기가 등장했다. 더위가 오기 시작하면 입담 좋게 고사성어까지 읊던 아버지 모습이 떠오르곤 한다.

한 마당에 살던 새댁이 슬쩍 말을 던졌다.
"에게, 닭 한 마리로?"
우리는 여섯 식구, 새댁네는 단둘이었다. 닭 한 마리가 우리

가족에게 모자란다는 생각은 하지 않았다. 우리가 그리 없어 보였나 하는 생각에 한 세대가 지났음에도 새댁이 했던 말이 가슴을 훑고 지나가곤 한다. 어머니는 죽을 끓인다는 핑계로 부엌에 계셨던 것 같다. 함께 앉으라고 하지 못한 철부지들이었다. 자식들에게 좋은 것만 주고 싶고, 배부르기만을 바라던 우리 부모님들의 초상이 아니겠는가.

남편도 제주의 풍습이 몸에 배어 있었다. 닭 한 마리 사다가 아이들과 저녁으로 먹자고 했다. 중닭 한 마리면 충분했다. 닭 삶는 시간이 길어져 작은아이가 부엌을 오갔다. 거의 상차림이 되어 갈 무렵에도 또 다녀갔다. 밥 먹을 시간을 알리는 종이 울렸다.

"내 닭다리가 아니잖아."

개인 접시에 놓았던 닭다리가 바뀌었음을 알아차려 버린 것이 아닌가. 내가 작은아이가 다녀간 후 약간 크게 보이는 닭다리를 큰아이 접시로 옮겼다. 어린 눈에도 이미 닭다리 크기를 가늠하고 있었다. 닭다리 소동이 일어났다. 무슨 영문인지 모른 큰애는 울상이 된 동생에게 자기 것을 내주었다. 지켜보던 남편이 말문을 열었다.

"다음부터는 번갈아 먹을 거다."
"아빠와 엄마도…."

화기애애해야 할 저녁 식탁에 냉랭한 기운만 감돌았다. 각자 말없이 고픈 배만 채우고 있었다. 닭다리는 늘 아이들 몫이었다. 내가 정한 우리 가족 법이다. 아이들만 챙겼던 것이 남편에게 미안한 마음이 들기도 했었다. 어쩌겠는가. 그게 어미 마음인 것을….

음력 유월 스무날이 가까워지고 있다. 천상에 계신 아버님과 기억이 희미해져 가는 어머니 생각에 가던 걸음을 멈추고 숨을 고른다. 다리가 네 개 달린 닭이 있었으면 그런 소동은 없었겠다 싶어 피식 웃음도 나왔다. 장을 보다가 옛 풍경화 꺼내어 칠했다 지웠다 하고 있다.

이젠 닭다리 하나면 족하다.

(2022)

여섯째마당

사진 한 장

동네 한 바퀴
너는 짧게 썼더라
오월의 인연
길 위에서
사진 한 장
음악은 사랑을 싣고
김대건 신부님을 기리며
화장
삶의 수레바퀴

'흔들리지 않는 삶이 어디 있으랴.' 신은 인간이 견딜 수 있을 만큼의 고통만을 준다고 했다. 저마다의 짐을 지고 순간순간을 살아내는 것이 아닌가. 공원을 내려오고 있다.
- 「삶의 수레바퀴」 중에서

동네 한 바퀴

걷기 열풍이다. 다양한 이름을 가진 길들이 하루가 다르게 생기고 있다. 동호회를 만들어 함께 걷자고 부른다. 혼자서 묵묵히 걷는 사람들도 심심치 않게 보인다.

멀리 가지 않아도 걸을 수 있는 곳이 있으니 축복이다. 집에서 입는 옷차림에 벗거지 없고, 굳이 운동화가 아니더라도 편한 신발 신는다. 작은 크로스 가방 하나 메면 그만이다. 분리수거함에 넣을 유리병 몇 개 들고 나서기도 하고, 두부 한 모 사려고 아랫마을에 다녀오기도 한다.

오늘은 K대학 우체국에 들렀다가 한 바퀴 돌 참이다. 보통 차가 다니지 않는 길을 걷지만, 바다 방향으로 난 아스팔트길을 따라간다. 갈림길이 나오면 마음 닿는 대로 발길 가는 대로 걷는다.

한 마을의 주택 변천사도 볼 수 있다. 초가집은 없으나 70년대부터 현재까지 건축물들이 마을에 모여 있다. 집 지키는 멍멍이들이 나를 놀라게 한다. 서로에게 안부를 묻는 듯 손을 흔든다. 가끔 올레길을 걷는 사람들과 마주치기도 한다. 토박이 동네 사람들과 만나는 일은 드물다.

큰길에서 마을 안길로 들어섰다. 내가 지은 이 길 이름은 '과수원길'이다. 얼마 전에 과수원을 관통하여 시멘트 길을 만들었다. 여러 곳으로 통하는 길과 마주하게 되어 자주 걷는 길이다. 사계절 동안 감귤이 자라는 모습도 볼 수 있다. 감귤값이 하락하여 12월 중순인데도, 아직 수확하지 않은 과수원이 많다. 목도 축일 겸 한 개 따 먹고 싶은 충동이 일었으나 마음을 거두었다. 때론 이런저런 생각들로 마음을 후벼 놓기도 한다. 불현듯 이 근처에 살았을 영험한 어르신이 떠올랐다.

친정어머니는 쌀 한 사발과 흰 종이와 지폐 몇 장을 쥐어 주었다. 낯선 이 마을을 찾아가게 한 것은 심약해진 나의 건강 때문이다. 출산 2개월을 남기고 태중의 아이를 포기해야 한다는 의사의 말이 떨어졌다. 아이는 다시 가질 수 있다는 위로의 말도 귀에 들어오지 않았다. 어르신들은 다 키운 아이가 세상에 나오지 못함도 그러거니와 나의 지친 심신을 더 걱정하는 눈치였다. 동네 분들도 몸은 더욱 수척해지고 얼굴 살도 쏙 빠진 나를 의아한 눈으로 보곤 하였다.

어머니가 버스 타는 법과 집 위치를 메모해 주었다. 영양학 교수님과 자료 준비 차 왔었던 마을이다. 어머니도 한 번 다녀 왔다는 이야기에 안심하는 것 같았다. 제주시에서 떨어져 있는 산간마을이다. 버스는 하루에 두어 차례 있었다.

사람들이 차례를 기다리고 있었다. 엎드리라 하면서 양어깨를 세게 후려쳤다. 건강을 위한 이런 치료도 있구나 싶었다. 절에서 수행할 때 내리치는 죽비 소리보다도 더 크게 울렸다. 어르신은 내 몸을 세게 내리치며 어떤 주문을 외웠을까. 어머니는 영험한 어르신이라고 치켜세웠다. 다시 한 번 다녀오라며 필요한 물건들을 사 오셨다.

과수원길을 걷고 있다. 두 여자 어르신이 걷다가 힘에 부치셨는지 과수원 돌담 위에 앉아 쉬고 있었다. "요즘은 모르는 사람들이 이 동네에 많이 보여." 작은 소리로 말했다. 어색한 분위기를 사하려고 인사를 하고 말문을 텄다.

사십여 년 전, 용하다는 할머니 이야기를 하게 되었다. 당신과 가까운 친척이었다며 돌아가신 지 오래되었고, 조금 아래쪽에 살던 집터가 있다고 했다. 후손이 서울에 살고 있다고 상세하게 이야기해 주었다. 그 시절 동네 사람들은 물론, 여러 곳에서 온 사람들로 문전성시를 이루었다고 한다. 나의 사연을 듣고 그 어르신 덕에 지금 건강하게 지내고 있는지도 모른다는 덕담까지 해 주었다.

과수원길 지나 다시 마을길로 접어든다. 얼마 전 만들어 놓은 정자에 앉았다. 멀리 시내 전경이 펼쳐진다. 이십 대에 이곳으로 왔을 동선을 그려보고 있다. 굽이굽이 돌고 돌아 어찌 여기까지 왔나. 살아오면서 많은 인연을 만났다. 그 흔적이 남아 있기도 하지만 없어지기도 했다.

집으로 돌아오는 길에 묵상 거리 하나 건져 올린다.

(2021)

너는 짧게 썼더라

어둠이 일찍 내려앉는다. 기온도 하루가 다르게 쑥쑥 내려간다. 안방으로 옮겨오는 시간이 점점 빨라지고 있다. 커튼을 내리고 보안장치도 일찌감치 세팅한다. 특파원들은 12월 마지막 날 지구촌 소식을 전하고 있다. 제야의 종소리를 기다리고 있다. 이런저런 생각들이 머리를 헤집고 있다.

문학회에서 수필 한 편 보내 달라는 전화가 왔다. 써놓은 글도 없고 지금 당장 쓸 수 있는 재주도 없다고 사양했다. 지난봄 학기 문학기행 갔을 적에 낭송했던 수필을 기억하고 있었다. 혹여 없더라고 문학기행을 담당했던 문우가 서류철로 가지고 있을 것이라 짐작이 되니 걱정하지 않아도 될 것이라고 했다.

수필회원이 된 지 몇 해가 지났으나 매년 발간되는 수필집에 나의 글은 없었다. 미약한 글이 활자화되어 세상에 나온다는 것이 부끄러웠다. 등단작가도 아니었다. 미덥지 않은 글로 수필집 품격이 떨어지는 것이 아닌가 하는 걱정도 앞섰다.

 오롯이 나를 위한 시간이 주어졌다. 처음 시작한 것이 수필 창작 공부다. '붓 가는 대로 쓰는 글'이니 '무형식의 글'이라는 왜곡된 상식에 편승했을지도 모른다. 이미 교수님 강의는 정평이 나 있었다. 개강 첫날 수업 시간은 나의 머리를 후려쳤다. 문학과 철학을 넘어 인생 이야기가 오롯이 들어 있었다.

 3월에 만나는 지인들에게 강의 받은 소회를 흥분된 어조로 털어놓곤 하였다. 지인들은 이미 내가 수필가가 되었다고 힘을 실어 주었다. 강의를 잘 듣다 보면 멋진 글도 나올 성싶었다. 강의 내용을 정리하고 복습도 했다.

 시원찮은 작품을 교수님과 문우들에게 내보였다. 감성과 이성 그리고 울림이 있는 글과는 거리가 먼, 맞춤법과 띄어쓰기와 문맥이 맞지 않는 허점투성이었다. 수필과 관련된 월간 잡지를 정기구독했다. 진전이 없었다. 소재 찾기가 힘들다고 생각을 했었는데, 삼라만상이 소재인 것을….

 수필 강의를 등록하고 휴학하고 다시 복학하는 동안 여러 해가 흘렀다. 아직도 걸음마를 떼지 못하고 있다. 문장 하나 갈무리하지 못하는 자신을 나무랐다. 여고 시절 문학소녀의 꿈도 없었고 다독가도 아니며 깊이 있는 삶을 살아온 것은 더더욱 아니니, 글다운 글이 나올 리가 없었다. '많이 읽고 많이 쓰고 많이 생각하라.'라는 말도 실천하기 쉽지 않았다. 아직도 수필의 바다에서 허우적거리고 있다.

수필 강의 시간에 보는 5분 영상 프로그램은 늘 문우들에게 큰 울림으로 다가왔다. 스페인 내전이 일어난다. 게르니카 도시에 네 시간 동안 50t 폭탄으로 칠천 명이 부상하고 천 육백 명이 사망한다. 가옥이 80%가 파괴된다. 독일이 가한 폭탄실험이었다.

화가 피카소는 말한다.

"예술가는 정치적 인물입니다."

피카소는 바로 '게르니카, 1937년' 그리기에 들어간다.

"눈만 있으면 화가가 되고, 귀만 있으면 음악가가 되고, 가슴속에 하프만 가지고 있으면 시인이 된다고 생각하십니까?"

"수필 강의만 잘 들으면 수필가가 된다고 생각하십니까?"

피카소가 내게 묻는 것 같았다.

수필집에 실린 작품은 '사과 향기'다. 멘토가 되어줄 줄 알았던 친정아버님은 세상을 뜬 지 몇 년이 흘렀다. 부모님에 관한 내용이었기에 친정어머니에게 드렸다. 며칠 후, 첫 독자 평이 돌아왔다.

"너는 짧게 썼더라~."

엉겁결에 실린 글이긴 하지만 잘 다듬어지지 않은 짧은 글이었다. 짧은 수필이라고 울림이 없는 것은 아니었다. 손바닥 수필로 사람들의 사랑을 받는 글도 많지 않은가. 어머니는 다른 문우들의 글을 읽고 비교가 된 모양이다. 그래도 내심 잘 썼다는 말을 듣고 싶었던 것이 아니었던가.

　동인지에 실린 글을 다시 읽어본다. 사과의 물리를 파악하기 위해 소재 통찰을 깊이 있게 했는가. 감성적, 윤리적, 논리적, 영적 설득이 있었는가. 사과를 통해 부모님에 대한 사랑의 의미를 잘 포착하였나. 정직하고 진실한 언어로 울림이 있었는가. 짧게 썼다는 말은 미완의 글이었다는 이야기로 들렸다.

　제야의 종소리를 듣기 위해 기다리다가 잠이 들었다 깨어보니 창은 훤히 밝아 있었다. 올해 몇 가지 버킷리스트를 일기장 첫 장에 붙여놓았다. 아침기도를 마치고 컴퓨터 책상에 앉는다.
　울림이 있는 수필 한 편 쓰고 싶은 새해 아침이다.

(2018)

오월의 인연

 상경 날짜를 예약했다. 소풍 전날 들뜬 어린이 마음이 이럴까. 한 번씩 다녀오고 나면 지루했던 삶에 작은 변화와 활력소를 가져다준다. 특별한 일이 없으면 목요일에 올라가 화요일에 내려온다.
 아이들과 제주 의자매들에게 상경 일정을 알린다. 언니들은 주중에 여유가 있고, 딸들은 주말에 함께할 수 있어 시간약속에는 무리가 없다.
 언니들은 가고 싶은 곳과 먹고 싶은 것을 먼저 묻는다. 이번에도 전시회 보러 가고 싶다고 할 줄 알았는데, 의외의 대답에 놀라는 것 같았다. 서울에 사는 언니들도 가보지 않은 곳이니 말이다.
 미세먼지 나쁨, 첫 폭염주의보. 친절한 스마트 폰이 날씨 정보를 알려준다. 작은언니가 4호선 B아파트 1번 출구에서 만나자는 문자를 보냈다. 먼저 도착하여 그늘진 벤치에 앉으니 새들은 저마다의 언어로 반겨주었다. 도심에도 이런 곳이 있나 싶었다. 아파트 단지와 지하철이 바로 연결되어 있고, 오래된 나무들로 짙은 녹음이 드리워져 있었다.

콧노래가 절로 나온다는 '허밍웨이 길'로 들어섰다. 일기예보가 무색하게 준비한 양산과 선글라스, 모자는 거추장스러웠다. 재건축을 앞둔 아파트 단지와 나란히 만들어진 산책길이다. 길 아래는 반포천이 흐르고 자전거 도로에서 오월을 즐기고 있는 사람들이 드문드문 보였다. 작은언니는 남편과 함께 답사까지 하고 왔다. 벚꽃이 한창일 때였다. 서울에서 몇 손가락 안에 드는 벚꽃 명소였다고, 오히려 네 덕에 봄나들이 잘하고 왔노라고…. 온기 어린 덕담에 스며드는 사랑을 읽는다.

우리는 핏줄을 나누지 않은 자매들이다. 큰언니는 심한 감기로 이번에 동행하지 못했다. 같은 학과 선배들로 대학 1학년 때 만난 인연들이다. 작은언니는 서울에 터를 잡은 지 10년이 채 되지 않았다. 큰언니는 결혼하면서 일을 그만두었다. 남편 직장 일로 서울과 외국을 오가며 지내다가 서울에 산 지 오래되었다. 내년이면 슬픔과 기쁨을 함께 나눈 세월이 45년이 되어 홍옥혼식(紅玉婚式)을 맞는다.

'피천득 산책로'는 80년대부터 돌아가실 때까지 살았던 아파트에서 집필과 산책을 했던 인연으로, 구청에서 붙여준 이름이다. 의자에 앉아 무언가에 눈을 맞추는 사람들 가까이 가보았다. 돌로 만든 벤치들이 이어진다. 벤치 등이 닿는 부분에는 금아 선생의 글로, 맞은편에는 시가 적혀 있었다. 언니는 내가 글을 읽으면서 감상하는 동안 묵묵히 기다려 주었다. 곳곳을 지날 때마다 기념사진도 찍어 주었다. 시와 글 속에 숨은 뜻도 우리가 함께 걸어온 시간을 말하는 것 같았다.

좋은 작가는 죽어서 더 깊은 말을 하는가 보다. 선생은 영롱한 언어와 깨끗한 이야기로 사람들의 마음을 어루만져주었다. 오월에 태어났다가 오월에 떠나셨다. 돌 조각에 새겨진 수필「오월」의 한 토막이 명시처럼 다가온다.

내 나이 세어서 무엇하리. 나는 오월 속에 있다.

선생의 글과 모습을 떠올리며 음미해본다. 오늘은 그 오월의 한복판에서 이 길을 걷고 있으니 이 또한 가슴 뛰는 일이다.

산책길에는 벚나무와 느티나무, 전나무들이 빽빽하게 들어서 있어 마치 깊은 숲속에 들어온 듯하다. 숨을 크게 쉬어 본다. 숲 터널을 지나면 작은 공원이 나오고 책 모양 조형물에 선생의 대표작「인연」과 마주한다.

그리워하는 데도 한 번 만나고는 못 만나게 되기도 하고, 일생을 못 잊으면서도 아니 만나고 살기도 한다. 아사코와 나는 세 번 만났다. 세 번째는 아니 만났어야 좋았을 것이다.

해마다 강의 노트에 담았던 글과 다시 마주했다. 문득 내가 맺은 인연들로 생각에 잠겼다.

노년 모습을 담은 청동 좌상 앞이다. 금아 선생과 눈 맞춤을 해본다. 직접 뵌 적은 없으나 천진스럽고 소박했던 삶에 고개가 숙여졌다. 작품을 음미하면서 길 가던 사람들이 가다 서기를 반복하고 있다. 잠시 쉬어갈 양으로 언니가 준비한 간식을 탁자에 펼쳐 놓았다. 차를 마시며 여유도 부려본다. 청신한 5월의 하늘빛이 찻잔 위로 쏟아진다. 이런 곳에서 문우들과 함께 보낼 수 있었으면 하는 바람을 마음 한구석에 담아둔다.

숲을 지나 도심 건물들이 보이기 시작하여 끝나는 곳은 고속터미널 5번 출구다. 동행하지 못한 큰언니가 언젠가 이 길을 함께 걷고 싶다며 통화가 길어졌다.

살아있는 것들은 무엇으로든 서로 이어져 맺어진다. 나무의 길이든, 사람의 길이든, 우주의 길이든…. 인연은 하늘의 맺어준 필연의 길이다. 오래된 인연들과 5월의 신록에 물든 하루였다.

(2019)

길 위에서

붉은 지붕으로 뒤덮인 프로방스 길을 걷는다
미라보 거리에서 스카프와 모자로 멋을 내고
세잔과 졸라가 담소를 즐긴 '두 가르송' 지나
세잔의 아틀리에로 향한다

화가가 입었던 옷과 화구, 그림 소재들
그들과 마주하니 먼 시간 여행을 온 느낌이다
천둥 치던 날, 그림을 그리다 맞은 죽음…
소뵈르 성당에 들러 영혼의 기도를 올린다

나의 길은 어떤 길, 어떤 풍경이었을까
직선만 바라보며 걷던 길
비뚤어지고 모난 길
이젠 느리지만 천천히 돌아가는 길을 꿈꾼다

길은 미지의 세계로 인도하는 사원(寺院)이다.   (2016)

사진 한 장

단톡방 소리가 요란하다. 지인이 조심스레 보낸 글이 올라왔다. 초상화를 미리 만들어 놓으면 어떻겠냐고. 어떤 화가의 일감에도 보태고 싶다는 것이다. 사진 서너 장을 보내면 이미지를 조합하여 유화로 그려준다고 했다. 가격도 비싸지 않아 책 서너 권 값이다. 아직 죽음을 받아들이기에는 이른 나이들이었다. 톡 방이 고요하다. 나는 생각해 보겠노라는 짧은 답만 보냈다.

결혼 날짜가 잡혔다. 어머니 동동걸음이 이어진다. 면화 솜 사러 먼 동네까지 다녀오고, 외국제 주방용품 파는 곳을 찾아 일본제 커피포트까지 구해왔다. 졸업앨범과 상장 그리고 통지표, 여학교 때 만들었던 수예 용품까지 마루 가득 펼쳐 놓았다. 혼수품목에는 사진도 있었다. 첫 돌 사진부터 학창 시절까지, 어머니는 산천이 여러 번 변했을 때까지 고이 간직하고 있었다.

　사진은 점점 늘어났다. 결혼사진에 이어 첫아이가 태어난 기쁨으로 사진은 산더미처럼 쌓였다. 두 사람이 만났으니 각자가 가지고 온 사진이 넘쳤다. 남편 사진은 실로 어마어마했다. 둘째가 태어나 앨범은 해가 갈수록 불어났다. 국내외 연수와 여행 사진들로 몇십 권 앨범이 책장 주인 행세를 하고 있었다. 앨범을 모아 둘 궁리를 해야 했다. 시어머님 혼수품에 눈이 갔었던 터. 퇴색되고 장식 쇠도 흔들거리고 있었다. 고가구점에서 수리하여 우리 집에 터를 잡게 되었다. 앨범이 큰 궤 하나 가득하다.

　아이들이 둥지를 틀면서 각자 사진첩을 만들어 보내어도 사진은 줄어들지 않았다. 쉬이 버리지 못하는 습성이기도 하나, 사진 한 장 한 장이 소중한 추억을 불러왔기 때문일 게다. 좁은 집이든 큰 집이든 과감하게 털어버릴 수 없는 것이 앨범이었다.

　일 년에 한 번씩은 물건을 정리했다. 사진만은 무엇을 버리고 무엇을 남길 것인지 답이 없다. 같은 종류와 단체 사진이 먼저 간택되었다. 이제는 여행을 다녀와도 앨범을 만들지 않는다. 몇 장 인화하여 탁상용 달력에 붙여놓고 추억하다 시간이 흐르면 버리거나 아쉬운 사진 두어 장만 남겨둔다.

　사용하지 않는 방에서 한 달째 정리가 이어지고 있다. 사진 보며 웃고 운다. 생각나는 지인에게 촬영하여 보내면 답이 오고 가기를 반복하니 도무지 진척이 없다. 선배 언니 한 분은 당신에게는 그 사진이 없다면서 우편으로 보내달라고까지 했다. 어떤 지인은 마음에 무슨 변화가 있느냐고 걱정하는 문자까지 왔다.

아이들에게 보낼 조그만 앨범 두 개 사 왔다. '간추린 가족 사진'이란 제목과 정리한 날짜까지 붙이고 택배로 보냈다. 이번에 보낸 것은 아이들의 친가와 외가 선조들까지, 4대에 걸친 역사가 들어있다.

수십 개 앨범이 세 권으로 압축되었다. 가족사진 두 첩과 여행 사진 한 첩이다. 나이 들면서 가끔 꺼내 볼 수 있는 무리 없는 숫자다. 오 년 후쯤이면 두 권으로, 그 후엔 한 권으로 압축되겠지. 한 권으로 보는 가족의 역사도 언제까지 존재할 것인지는 존엄하신 그분만이 알 것이다.

사진 정리를 하면서 초상화를 그려준다는 화가가 떠올랐다. 대여섯 장을 골랐다. 아직 보내지는 않았다. 나의 어떤 이미지를 포착할 것인가 상상해본다.

마지막 사진 한 장. 어떤 모습으로 남을까.

"행복하였노라고, 고마웠다고." 눈인사를 나눌 수 있는 밝은 표정이면 좋겠다.

(2021)

음악은 사랑을 싣고

이른 잠을 잤다가 자정 무렵에 깼다. TV는 혼자 세 시간 동안 놀고 있었다. 새해맞이 특집으로 왁자지껄이다. 채널을 이리저리 돌리다가 '설 특집 신년 음악회'에 고정된다.

빈소년합창단 공연이다. 23명의 소년과 지휘자 겸 반주자가 무대 위에서 숨을 고르고 있었다. 자주 한국을 방문하였고, 작년에는 제주에서도 공연이 있었지만 가보지 못한 아쉬움이 컸다. 세라복을 입은 단원들과 마주하니 초등학교 때 합창단 활동을 했던 시간과 겹쳐진다.

아버지의 직장 이동으로 전학을 가게 되었다. 시에서 읍으로 가게 되어 어깨가 처져있었다. 전학 온 학교는 다니던 곳보다 훨씬 넓었다. 세라복을 입고 운동장에서 놀고 있는 또래 여자

아이들로 눈이 휘둥그레졌다. 어떤 아이들이 세라복을 입고 다니는지 호기심이 났다.

5학년 3반에 배정되었다. 교실에는 늘 풍금이 있었다. 학교에서 오직 한 대 있는 풍금이 우리 교실에 있는 것을 보면, 특별한 연유가 있어 보였다. 하루에 한두 번 정도 우리 교실로 풍금을 가지러 오는 학생들도 있었다. 담임선생님은 합창단과 합주대를 지도하는 선생님이셨다. 어머니께 합창단에 들어가고 싶다고 말씀드렸다. 담임선생님도 흔쾌히 받아주셨다.

합창단 복은 검정 몸판에 하얀 줄이 있는 세일러 칼라가 멋을 내었다. 아래옷은 자유롭게 입고 다녔는데, 공연이 있을 때는 통일을 한 것으로 기억한다. 세라복을 입고 등교하는 날이 많아졌다. 학교에 가는 길도 가벼웠다. 전학 오면서 속상했던 마음도 차츰 사그라지기 시작하면서 학교생활에 잘 적응할 수 있었다.

전도 어린이 합창 경연대회가 기다리고 있었다. 수업을 마친 후에 집에 와 저녁을 먹고 학교에 가서 맹연습했다. 나는 알토 부분에 배정이 되었고, 피아노를 잘 치는 다른 반 친구는 반주자로 뽑혔다. 3부 합창으로 지정곡은 '뻐꾹 왈츠'였다. 몇 달 동안 연습에 연습이었다. 3부 합창이니 집중력이 필요했다. 선생님이 단상 위에 올라서면 더욱 호흡을 가다듬어야 한다. 시작이

엄청 중요하다는 것을, 알토 부분이 언제 들어가야 함을, 감지하기 위해서는 지휘봉에서 눈을 떼는 순간 실수의 연발이다. 한 사람이라도 호흡이 맞지 않으면 반복연습을 해야만 했다.

드디어 결전이 그날이 왔다. 어머니들은 학교에 모여 자녀들 꾸미기에 바빴다. 나는 갈래머리를 땋았다. 새로 산 모자를 쓰니 걸쳐져서 어중간한 모습을 보고, 옆에서 보던 다른 친구의 어머니가 머리를 다시 손질해 주셨다. 연녹색을 띤 모자를 써서 한껏 무게를 잡았다. 모자는 대회 복장이 아닌데, 트럭을 타고 오고 갈 생각을 하여 어머니가 특별하게 사 온 것이다. 아마 5~6월쯤 되어 볕이 강할 때인 것 같다.

떠나야 할 시간이 한참이나 지났으나 타고 갈 차가 오지 않았다. 도착한 차는 군용트럭이었다. 트럭 위에 올라가지 못해 엄마들의 도움으로 겨우 올라갔다. 비포장도로를 냅다 달렸다. 엉덩이가 하늘로 올랐다 내렸다 하면서 3시간 정도 달려왔.

결선에 진출했다. 상대의 학교는 한복을 입고 있었는데 우리가 입은 세라복보다 촌스러워 보였다. 옷으로도 이미 이긴 기분이었다. 월계관은 우리의 것.

500년 역사를 가진 빈소년합창단은 국내는 물론 국외에서도 공연이 끊어지질 않는다. 요즈음은 다국적 학생을 뽑고 있다. 이번 음악회에 지휘자 겸 반주자도 중국 출신이었고, 한국 출신 소년도 비추어 주었다. 우리나라 가곡 '아리랑'과 '그리운 금강산', 요한 슈트라우스 곡들과 앙코르곡 세 곡까지, 꽉 메운 공연장 열기가 느껴진다.

    설날 늦은 밤에 동심으로 돌아갈 수 있었던 시간이었다. 선생님은 영면하신 지 몇 년이 지났다. 같이 활동했던 친구들은 어디서 어떻게 지내는지 궁금하다.
    노래를 잘하지는 못하나 음악을 즐기고 있다. 종일 음악을 틀어놓고 지내고 음악회에도 자주 가는 편이다. 피아노에 입문하게 해준 분도 담임선생님이셨다. 성인이 된 후에 국악기를 만질 수 있었던 것도 음악적 감성을 키워주신 운명적인 선생님이 계셨기 가능한 일이었으리라.
    날이 밝으면 깊이 두었던 해금을 꺼내 봐야겠다.

(2019)

김대건 신부님을 기리며

　용수 성지에 가기로 약속되었다. 멀리 동행해 주겠다는 자매님에게 그저 고마울 따름이다. P신부님은 본당에서 사목활동을 마치고 교회법에 따라 용수 성지에 터를 잡았다.
　신부님은 한동안 생활할 곳이 마땅치 않아 이곳저곳으로 옮겨 다녔다. 사택이 완성되어 안정된 생활을 하고 계셨다. 매주 목요일 오후 3시에 순례객을 위한 미사를 올리고 성당과 기념관도 관리하고 있다.
　미사 시간에 맞춰서 도착했다. 미사 참여자는 오르간 반주자를 포함하여 열 명 남짓이었다. 동네 어르신 서너 분은 밭일하다가 온 차림이었다. 소박한 미사에 더 집중되었고, 하느님을 가까이 뵙는 기쁜 기운이 감돌았다.
　성전에서 나와 복원한 '라파엘 호'와 마주했다. 150년 전으로 시계를 돌려본다. 김대건 신부는 1845년 상해에서 사제 서품을 받았다. 그해 8월 말, 하느님의 중개자가 될 페레올 주교와 다블뤼 신부 등 일행 13명과 함께 귀국길에 올랐다. 풍랑을 만나 표류하다가 9월 28일 용수리 해안가에 닿았다. 김대건 신부가 남긴 스물한 통의 편지 중에 리부아 신부에게 보낸 편지가 이 사실을 입증하고 있다.

"지극히 공경 하올 신부님. 우리는 9월경에 강남(중국)에서 출발하였습니다. 바다에서 여러 차례 폭풍우로 시달렸고 바람은 더욱 거세어져 키가 부러졌습니다. 그래서 배가 파손되지 않도록 돛대를 베어버리고 항해를 계속했습니다. 거센 역풍으로 우리는 제주도까지 떠내려갔습니다."(…)

용수리에서 김대건 신부와 외국 신부님은 한국 땅에서 처음으로 미사를 봉헌했을 것으로 생각하고 있다. 그들은 곧 배를 수리하고 떠나 여러 날에 걸쳐 나바위에 무사히 입국해 복음 선포에 전념할 수 있었다. 애초에 그들의 목적지는 한강 마포나루였다. 강에 들어오는 모든 배를 엄하게 조사하고 있던 점을 생각하여 강경포구에 도착, 하느님의 도우심으로 아무런 재앙 없이 신자들의 영접을 받았다. 김대건 신부는 조선에 도착한 감회를 하느님의 자비와 복되신 동정 마리아의 도우심이라 생각하였다. 자신에게 인내심을 주고 버림받지 않게 해주었다는 확신을 했다.

천주교 제주교구는 1999년 용수리 해안을 성지로 선포하였다. 역사적인 이곳에 성 김대건 안드레아 신부 제주 표착 기념 성당과 기념관을 건립하여 많은 순례객을 맞이하고 있다. 신부님은 강론 중에 김대건 신부 일행이 용수리에 닿았던 사실을 말하면서 목소리는 점점 높아졌다. 죽음을 불사하고 한국(조선)에 들어와 어린 양들을 돌볼 목자들을 세우기로 한 젊은 신부의 용기와 믿음에 찬사를 보냈다. 미사 중에 미세하게 떨렸던 신부님의 목소리는 너무 이른 순교를 당해야만 했던 아쉬움이 크지 않았나 싶었다.

김대건 신부는 겨우 13개월만 사제로 살았다. 그나마 2개월은 조선에 입국하기 위하여 서해 위에서 보냈다. 4개월은 감옥에서 지내다가 순교의 화관을 받고 하느님께 올라갔다. 사제서품을 받고 일 년 만이다.

감옥에서 처형을 받기 전, 유언 중에는 어머니 우르술라를 주교님께 부탁한다. 아버지 김이냐시오는 이미 순교했다. 떠돌이 신세가 된 불쌍한 어머니를 잘 돌보아 주시라고…. 애잔하고 먹먹하다.

성지순례 중에 스페인 성가족성당 일정이 들어 있었다. 내부로 들어가기 위한 줄이 길게 서 있다. 일 년에 500만 명이 찾는다는 곳. 가우디는 43년간 성당 건축에 인생을 바쳤다. 공사 현장에서 인부들과 함께 숙식하면서 성당 건축에 몰입했다. 그러나 불의의 사고로 완공을 보지 못하고 세상을 떠났다.

성당 내부는 마치 숲속에 들어와 있는 것처럼 아늑했다. 나무와 꽃들을 형상화했다. 여느 성당이나 교회에서는 볼 수 없는 광경에 압도되었다. 스테인드글라스를 통해 들어오는 햇살은 가히 환상적이다. 동쪽에는 푸른색 계열로, 서쪽에는 붉은색 계열의 글라스가 돋보였다. 의자에 앉아 묵상하는 사람들, 기념사진을 찍는 사람들, 전 세계인이 모여들었으니 사진의 배경도 사람들이었다.

성당 안 스테인드글라스 한 부분에 'A Kim'이라 새겨진 지점에 눈이 멈추었다. 한국 최초 신부인 김대건 안드레아의 머리글자였다. 한국 성직자들의 수호자 안드레아에게 하느님의 은총이 있기를…. 기도 손을 모았다. 만난 적이 없는 두 사람의 인연은 성가족성당에서 영원히 이어지리라.

"행복하여라, 의로움 때문에 박해받는 사람들! 하늘나라가 그들의 것이다."(마태 5, 10)

"서라벌 옛터전에 연꽃이 이울어라. 선비네 흰 옷자락 어둠에 짙어갈 제, 진리의 찬란한 빛 그 몸에 담뿍 안고, 한 떨기 무궁화로 피어난 님이시여!"

(성가 287, 성 안드레아 김대건 신부 노래 중에서)

(2020)

화장

여성 장례지도사의 정성스러운 손놀림에 숨을 죽인다. 이승에서의 마지막 단장 시간이다. 기초화장이 끝나 색조 화장으로 들어간다. 한 번도 하지 않았던 눈화장과 새빨간 립스틱을 바른다. 환하게 보이는 마무리 화장까지, 풀코스다. 미세한 숨소리가 들릴 정도로 사위는 적막하다.

학교에서 돌아오는 시간을 얼마나 기다렸을까. 얼굴에 붙인 달걀노른자를 떼 달라고 했다. 달걀이 피부 영양제라는 것을 사춘기 소녀 적에 경험했다. 저녁에는 세안 후에 스팀타월로 얼굴을 다듬곤 했다. 콜드크림으로 얼굴 마사지도 자주 했다. 미끈미끈하고 이상야릇한 냄새가 나는 화장품도 있구나 싶었다.

어디선가 일본제 화장품도 사 왔다. 아버지 수입이 그리 넉넉지는 않았으나, 살림살이 졸라매면서 당신이 원하는 것을 하고픈 자존감 높은 어머니였다.

 색조 화장은 특별한 날에만 했다. 잔칫집에 갈 때와 명절날이다. 화장은 아주 연하게, 연분홍 립스틱은 새끼손가락으로 약간 찍어 펴 발랐다. 피부를 건강하게 하는 기초화장에 방점을 찍었던 것 같다.

 밭에 가는 일은 가끔 있었다. 농번기 때 외할머니를 도우러 가는 정도였다. 동네에 요리나 뜨개질 강습이 왔다는 소문을 듣고 가끔 다녀오시기도 했다. 다른 지방에서 온 요리 강사가 피부 관리하는 방법까지 팁으로 알려주었다. 어머니의 피부 관리법은 내가 결혼하기까지 보았던 풍경이다. 출장 중에 사온 프랑스제 영양 크림을 드렸더니 함박꽃이 피었다.

 어머니는 환갑을 넘기고도 마사지 크림을 썼다. 친정집 화장대 위에는 세련되고 값이 꽤 나가는 화장품이 놓여 있었다. 동네 가게에서 제일 좋은 것을 달라고 하니, 이것을 권했다고 자랑했다. 주름이 늘어나는 시간과 마주하며 공을 더 들였던 시절이다. 천생 여자였다.

 어머니 화장품 위에 뽀얀 먼지가 앉기 시작했다. 저녁에 세안도 하지 않으려 하고 화장품 바르는 것도 귀찮아했다. 우리 집에 잠깐 계실 때도 하루 마무리는 세안하고 로션과 크림을 바르는 일이다. 당신은 살날이 얼마 남지 않았다며 너나 바르라고 손사래를 쳤다. 세상 떠나면 없는 일이라며 억지 부려 바르게 하곤 했다.

　로션과 영양크림을 함께 들여보냈다. 천자문과 가족사진 확대한 것, 전농로 벚꽃 잔치 날 함께 찍은 사진도 두고 왔다. 개인 서랍장이 머리맡에 있다. 가끔 꺼내어 기억을 더듬어 주었으면 하는 작은 바람이 있었다. 몇 번이나 들여다보았을까. 화장품은 잊지 않고 잘 바르고 있을까.
　화장품을 들여보낸 지 수 개월이 넘었다. 동생이 어머니에게 필요한 것을 사서 드리라고 용돈을 보내왔다. 화장수와 로션 세트를 샀다. 작은애가 할머니 생활하시는 곳에 간식이라도 넣어달라 하여 내친김에 방문했다. 비대면 면회가 허용되다가 면회를 못하는 사태가 벌어졌다. 얼굴을 뵙지는 못할 터였다.
　관계자가 화장품은 그대로 가지고 가라고 했다. 던지면 무기로 돌변할 수가 있고, 다른 어르신이 가져가 오해가 생길 수도 있다고…. 당황하는 나의 표정을 읽고서는 이곳에서 보습제 발라 드리고 있다고…. 어머니의 인지 능력이 점점 흐려지고 있다. 딱히 해드릴 것이 없어 화장품 드리는 기쁨이라도 얻고 싶었다. 먹먹한 마음 한 자락 안고 돌아왔다. 피부에 공을 들였던 젊었던 어머니를 불러낸다. 쇠락해질 나의 미래와 겹쳐져 잠을 뒤척거렸다.

화장이 마무리되어 꽃 장식된 관으로 옮겼다. 가족과 친척들이 빙 둘러섰다. 금방이라도 어머니가 일어나서 "왜 사람들이 많이 왔느냐?"고 말할 것 같았다. 틀니를 뺀 어머니의 얼굴은 균형이 깨진 조각품 같았다. 타인의 손끝으로 편안히 누워 마지막 호사를 누렸을 뿐. 입관 예절 정점에 와 있다. 어머니의 얼굴을 가까이 볼 수 있는 마지막 순간이었다. 손목에 감긴 묵주는 수의에 싸여 보이지 않았다. 장례지도사가 인사를 하라 한다.

"어머니, 애쓰셨어요. 감사합니다. 고맙습니다. 사랑합니다."

있음을 확인하는 이승의 시간, 살아있는 이들에게는 미리 죽음으로 달려가 보는….

(2023)

삶의 수레바퀴

　비몽사몽이다. 백야현상으로 잠을 설쳤다. 다시 시작되는 여행길로 정신을 가다듬는다. 일행은 카를 요한스 거리를 지나 공원으로 들어섰다. 광활한 대지에 구스타브 비겔란 작품으로 조성된 조각공원이다. 만들던 중에 비겔란이 사망한다. 그의 제자와 오슬로 시민들이 완성했다.
　어린아이 조각이 관람객들을 맞이한다. 모두 나신(裸身)들이다. 보는 이로 하여금 어색했던 느낌도 잠시, 나신 조각들이 익숙하게 다가왔다면 지나친 과장일까. 사람들이 몰려든 조각은 화가 난 남자 어린이다. 무엇으로 화가 치밀었는지 두 손을 불끈 쥐고 있다. 이마를 찌푸리며 금방 울상이다. 카메라 셔터 소리가 계속 터진다.
　대여섯 명 남성들이 큰 돌을 힘겹게 받치고 있었다. 경제적

위기에 봉착했을까. 사춘기 자녀의 방황으로 고민이 깊었나. 부모님께 효도 못 한 마음이 거슬렸는지…. 이승의 삶이 얼마 남지 않았음을 감지하고 있었을까. 자신에게 주어진 짐을 가볍게 해달라고 신께 애원하는 표정은 애처로움을 넘어 처연하기까지 했다. 나에게 주어진 인생의 무게란 어떤 것이었나.

 학창 시절에는 늘 시험이란 짐에 짓눌러 지냈다. 대학 졸업 후 결혼 전까지 무거운 짐은 없었다. 소박하게 자족한 삶을 살았던 부모님을 보면서 큰 어려움 없이 지낼 수 있었다. 새로운 가족관계가 생겨 적응하는 데는 시간이 걸렸다. 직장생활과 집안일, 육아를 겸해야 하는 일들은 큰 무게로 다가왔다. 때로는 신경 써야 하는 일들로 가슴을 짓누르곤 하였다. 무난한 직장생활과 가족들 건강만이 새해 염원이었다.

 조각이 새겨진 네모난 주위를 돌고 있다. 천진난만한 아이들이 웃음소리가 들린다. 청년들에게서 젊은 힘이 넘친다. 단란한 가족 모습은 절로 행복감에 젖어 들게 하였다. 할아버지가 손자를 높이 들고 환호한다. 기쁨도 잠시다. 초췌한 노년이 된 모습을 보니 스산한 바람이 일었다. 다시 세대가 이어지고 생명의 나무가 자라고 있었다.
 정상에 높게 솟은 조각이 걸음을 바쁘게 한다. 백 명 넘게 보이는 남녀가 올라가려고 두 손을 뻗으며 발버둥 치고 있었다. 같은 표정은 없다. 이승의 삶을 살아내려는 사람들이 뒤엉켜 있었다. 폭풍우가 몰아치는 성난 바다였다. 불지옥에서 허우적거리는 인간들의 몸부림이었다. 추풍낙엽처럼 쓰러진다. 위를 향해 안간힘을 쓰다가 다시 심연으로 떨어지고 있었다.

진급에 목표를 두지 않았다. 점수를 따기 위한 공부를 한다든가, 버거운 경쟁도 없었다. 일을 처리하는 과정에서 동료와의 갈등은 왕왕 있었다. 중간관리자 입장이 힘들었다. 틀리지 않고 다르다고 애써 보았으나 물거품이 되곤 하였다. 서로의 생각을 받아들이고 인정해주는 것이 생각만큼 쉽지 않았다. 지난 시간을 회상하면, 사소한 일에 그렇게 많은 힘을 쏟은 어리석었음을 알겠다.

'흔들리지 않는 삶이 어디 있으랴.' 신은 인간이 견딜 수 있을 만큼의 고통만을 준다고 했다. 저마다의 짐을 지고 순간순간을 살아내는 것이 아닌가. 공원을 내려오고 있다.
   조각들이 말을 걸어온다. 십자가를 기꺼이 지라고⋯. 저물어 가는 석양을 음미하며 천천히 걸어가라고⋯.

(2021)

사랑이어라

현금자 그림이 있는 에세이

1판 1쇄 인쇄/ 2024년 2월 21일
1판 1쇄 발행/ 2024년 2월 26일

지은이 / 현금자
펴낸이 / 우희정
펴낸곳 / 도서출판 소소리

등록 / 제300-2007-21호
주소 / 03073 서울 종로구 성균관로 5길 39-16
전화 / 765-5663, 010-4265-5663
e-mail: sosori39@hanmail.net

값 15,000 원

*잘못된 책은 바꿔드립니다.

ISBN 979-11-5891-199-7 03810